Das meschuggene Jahr

Die Originalausgabe erschien 1999 unter dem Titel *Mesa de judíos* bei Angel de la Guarda Editores, Medellín.
Spätere Textänderungen durch den Autor sind in der vorliegenden Übersetzung berücksichtigt.

Die Übersetzung aus dem Spanischen wurde unterstützt durch die Gesellschaft zur Förderung der Literatur aus Afrika, Asien und Lateinamerika e.V. in Zusammenarbeit mit der Schweizer Kulturstiftung PRO HELVETIA.

www.rotpunktverlag.ch

Umschlag: Christian Egli, unter Verwendung einer Darstellung Jerusalems aus dem 15. Jahrhundert

Druck und Bindung: Clausen & Bosse, Leck

ISBN 3-85869-290-5
1. Auflage

Memo Anjel

Das meschuggene Jahr

Roman

Aus dem Spanischen von
Erich Hackl und Peter Schultze-Kraft

Rotpunktverlag

I

In dem Jahr wurde wieder nichts aus unserer Reise nach Jerusalem, wir hatten kein Geld. Aber mein Vater, der sich den Geheimnissen der Mechanik verschrieben hatte, war überzeugt, dass es sich nur um eine technische Verzögerung handelte, denn im Traum war ihm der Prophet Elias erschienen und hatte ihm zugezwinkert. Jetzt saß er am Tisch im Esszimmer, auf dem Ehrenplatz am oberen Ende, den er jeden Tag mit neuem Stolz einnahm, weil er ihn in seiner Rolle als Familienoberhaupt bestätigte, und verriet uns, wie er es anstellen wollte, die Mittel für die Reise aufzutreiben. Und zwar sei er gerade dabei, auf der Grundlage des Zweiten Newton'schen Gesetzes eine Wundermaschine zu konstruieren. Eine Maschine, die alle Vorgänge einer Brotfabrik in sich vereinigte. Während wir ihm mit glühenden Wangen zuhörten, sahen wir uns schon mit seiner Erfindung durch das Rote Meer ziehen. Nur meine Mutter ließ sich vom allgemeinen Taumel der Begeisterung nicht anstecken. Ohne ein Wort zu sagen, stand sie vom Tisch auf und begann die Teller einzusammeln. Immerhin war ein Lächeln auf ihren Lippen, bevor sie die Schultern hochzog und meine Schwester Marta aufforderte, ihr beim Abräumen zu helfen. Es war ein lauer Abend, an dem uns mein Vater das Funktionieren der Maschine, die uns berühmt machen sollte, in allen Einzelheiten erklärte.

Zu Pessach bekam mein Vater eine Art Frühlingsfieber, in dem ihm alle möglichen Einfälle zuflogen, die er gewissenhaft zu Papier brachte, ehe er die Entwürfe mit Farbstiften ausführte und uns endlich zeigte. Ich glaube, dass der Prophet Elias (für den an unserem Tisch immer gedeckt war) sich persönlich über die Pläne beugte, auf denen riesige Maschinen zu sehen waren, die uns binnen 360 Tagen reich machen sollten, damit wir uns den Traum erfüllen konnten, den wir Jahr für Jahr mit Worten und Gegenständen genährt hatten. Denn wenn wir auch dieses Jahr wieder nicht nach Jerusalem fuhren, wie wir es geplant und einander versprochen hatten, so kam Jerusalem doch zu uns, in Form von Krügen, Postkarten, Originalsteinen und Händen aus Metall, die auf der Innenseite ein offenes Auge trugen, zum Zeichen, dass G-tt alles sieht (natürlich sieht G-tt nicht, sondern fühlt, so stand es in den Büchern geschrieben). Gegenstände, die uns Freunde oder Verwandte schickten oder die meine Mutter, nachdem sie ihr letztes Geld zusammengekratzt hatte, in den Importläden kaufte, um sie meinem Vater zu schenken. Sie bestickte sogar mehrere Tücher mit Ansichten vom Gelobten Land, die meinen Vater, wenn er sie anschaute, zum Weinen brachten. Er war sehr emotional, mein Vater, und wir wussten, dass er all diese schönen Dinge heimlich mit in seine Werkstatt nahm und sich dort mit ihnen in einem eigenwilligen Hebräisch unterhielt, das selbst Wörter aus dem Katalanischen zuließ. Dabei stellte er sich Wege vor, die durch die Wüste führten, grüne und blaue Oasen, Steine, die auf den Gräbern der geistlichen Oberhäupter und Propheten lagen, große weiße Häuser mit Gärten voller roter Blüten. Dank seiner Vorstellungskraft gelang es ihm, mit den Samaritern Tee und mit den cisjordanischen Arabern Kaffee zu trinken. Und mit Josef Karo über die Gebote des Schulchan Aruch zu debattieren, die bei uns zu Hause fast nicht eingehalten wurden. Vielen Nachbarn galten wir als Ketzer.

2

Wir waren insgesamt zehn und dazu das Hausmädchen, eine dürre Schwarze, die pausenlos rauchte und sich im Hof, wo die Wäscheleinen gespannt waren, abends das Haar kämmte. Dabei starrte sie in einen runden Spiegel, den sie über dem großen Topf mit den Küchenkräutern aufgehängt hatte. Sie hieß Zoila und gehörte zu uns, seit wir in den Stadtteil Prado gekommen waren. Wo wir vorher gewohnt hatten, wussten wir schon gar nicht mehr. Eines Tages waren wir jedenfalls in dieses Haus gezogen, das größer war als das alte und in dem Zoila meiner Mutter bei der Geburt meiner beiden jüngsten Geschwister half. Als wir meinen Vater fragten, ob Zoila mit nach Jerusalem kommen werde, sagte er, natürlich, sie müsse sich ja um meine Schwester Miriam kümmern, die gerade erst laufen lernte, denn wir anderen würden gebraucht, um mit ihm die Koffer zu tragen, während meine Mutter mit dem Strohhut, den ihr meine Tante Lia geschenkt hatte, unbeschwert vorausgehen sollte. Mein Vater redete und redete, und dabei verwandelten sich seine Worte in bewegte Bilder von unserer Ankunft im Lande Israel, wir sahen uns alle von Bord gehen, voran die Männer mit blauen Kippas auf den Köpfen, dann die Frauen mit weißen Handtaschen. Und vor uns lag das Gelobte Land, mit seinen saftigen, süßen Datteln, dem heißen Wind, der über den grüngrauen Boden fegte, den Arabern, die Kaffee verkauften und Wasserpfeifen rauchten. In der Ferne schimmerten rosa die Stadtmauern, dahinter erhoben sich die Minarette der Moscheen, und viele Schilder gab es, auf Hebräisch und Englisch, und Kamele, die auf gelbem Sand lagerten. Während mein Vater unsere Reise nach Jerusalem in die Luft malte, wurde all das lebendig, was wir in unseren Köpfen gespeichert hatten, die Bilder von den Ansichtskarten und Illustrierten, die wir so oft betrachtet, die Beschreibungen in Büchern und Briefen, die wir wieder und wieder gelesen hatten. Wir kannten das Heilige Land in- und auswendig.

3

Am 14. Juni 1954 kreuzte Onkel Chaim auf, den die Familie im Lande Israel oder in einem syrischen oder türkischen Dorf vermutet hatte. Es war sogar die Rede davon, mein Onkel habe sich in einen Beduinen verwandelt, weil er einer dieser Frauen mit dunkler Haut und grünen Augen in die Wüste gefolgt sei. Mit dem Tee, den sie ihm zu trinken gab, und mit dem Klirren ihrer Armreifen und Fußschellen habe sie ihn um den Verstand gebracht, hieß es, und wer das behauptete, spuckte sich sofort in die Hand, für alle Fälle. Chaim war leidenschaftlich, maßlos und immer wie von einem Sturm erfasst. Er kam und ging, ohne Spuren zu hinterlassen, und im Elternhaus meiner Mutter dachten sich meine Großmutter und meine Tanten die Flugschneisen und Landstriche aus, wo er gerade unterwegs war. Aber in Wahrheit wusste niemand etwas von ihm, und der einzige Beweis für die Länder, die er besucht hatte, waren seine Worte, war das, was er erzählte und mit Geräuschen untermalte und mit den Händen in die Luft zeichnete. Keiner von uns hatte je seinen Reisepass gesehen, also mussten wir uns an seine Geschichten, seine Gesten, seine Lieder und sein Lachen halten. Denn viele Geschichten trug er singend vor; er sang von Elefanten, die größer waren als unser Haus, und von Fledermäusen, die es mit einem zweimotorigen Flugzeug aufnehmen konnten, von Menschen, deren Gesichter nichts als Augen waren, und von Arabern mit Bärten so lang, dass sie von einer Oase zur anderen reichten. Während sie ihm zuhörte, war meiner Mutter, als würde sie mit einem Schirm aus Buntpapier unter einem farbenprächtigen Himmel schweben. Wir anderen, mein Vater und Zoila eingeschlossen, konnten uns den Zauberworten meines Onkels ebenso wenig entziehen. Er verstand es, Schlangen und Piraten zu beschwören.

Chaim stand an dem Abend plötzlich vor der Tür, mit einem kleinen Koffer aus Segeltuch und drei Schachteln Hornknöpfen. Und mit einem breiten Lächeln unter dem türkischen Schnurrbart, dessen Spitzen gelb waren, weil er sie immer in die Suppe tunkte. Aber meine Mutter traute diesem Gesicht meines Onkels nicht, sie erriet die Krankheit, die an seinen Adern und Lungenflügeln fraß. Später erfuhren wir, dass er an Schwindsucht litt und sterben würde. Und dass er meine Mutter, seine Lieblingsschwester und Vertraute, aufgesucht hatte, damit sie ihm beistehe in seinen letzten Tagen. Und um ihr die Schätze aus seinem Koffer zu vererben, zwei Kupferteller, ein französisches Hemd und eine goldene Taschenuhr. Das, was er anhatte, sollte nach seinem Tod verbrannt werden.

Vor dem Fenster des Zimmers, in dem mein Onkel lag, eine kleine Kammer, die an die Waschküche und den Hinterhof grenzte, standen wir, aufgereiht wie für ein Familienfoto, und sahen ihm beim Sterben zu. Mein Vater hatte das Zimmer mit Kalk ausmalen lassen, und meine Mutter hatte ihm eigene Bettwäsche gekauft, und da lag er unter einer persischen Decke – das einzige Stück seiner Habseligkeiten, das er nicht verschenkt hatte – und glühte vor Fieber. Doktor Schmulson sagte, man solle dem Kranken heißen Tee und Gebäck geben. Sonst nichts, denn jede Behandlung sei vergebens, das Übel stecke schon im Blut und werde ihn wie einen Fluss in der Regenzeit aufschwemmen. Spätestens in zwei Wochen werde er tot sein.

Aber mein Onkel starb nicht, und statt abzumagern und eine gelbe Haut zu bekommen (wie man sie bei Menschen findet, die die Schwindsucht überleben), sah er so aus wie immer, wie ein etwas dünner Mann unter einem schiefen Hut. Meine Schwester Victoria, die Romane über das Morgenland gelesen hatte, erklärte uns, mein Onkel sei wie eine dieser Katzen aus Samarkand, die so viele Leben hätten, dass man sie nicht zählen könne. Dabei rieb sie sich die Nase mit Knoblauch ein, als Schutz gegen den bösen Blick. Die kennt den Talmud, ohne ihn gelesen zu haben, behauptete Herr Sudit, ein Mann, der mehrere Sprachen gleichzeitig sprach und den man kaum verstand, weil er mitten im Satz vom Spanischen ins Russische wechselte, und vom Russischen ins Jiddische, und dann etwas auf Englisch oder Aramäisch oder Hebräisch von sich gab, wobei er mit seinem dürren, spitzen Zeigefinger in die Luft stach. Er sagte, mein Onkel habe sich nicht vom Todesengel küssen lassen. Und tatsächlich nahm Chaims Gesicht die alte Farbe an. Er sah aus wie einer, der beim Kartenspielen gewonnen hat.

4

Doktor Schmulson hatte sich gleich zweimal blamiert. Einmal vor sich selbst, weil er sich Chaims Krankheitsverlauf nicht zu erklären vermochte, zum anderen in der Gemeinde, bei der sein Ruf aufgrund der falschen Voraussage Schaden genommen hatte. Er schaute noch zwei Mal nach meinem Onkel und wollte ihm ein harmloses Präparat spritzen, damit er besser schlafen könne und schnell wieder zu Kräften komme. Aber Chaim lehnte höflich ab, wobei er sich den Schnurrbart strich (der ein wenig weiß geworden war) und eine seiner Polkas pfiff. Dann sagte er, dass er gläubig sei und G-tt allein Herr über Leben und Tod, und deshalb brauche er gar keinen Arzt.

Als mein Vater das hörte, musste er lachen: Seit wann glaubte sein Schwager, dieser unverbesserliche Ketzer und G-tteslästerer, dem nichts heilig war, an ein höheres Wesen? Allerdings verschlang mein Onkel weiterhin scharf gewürzte Spaghetti und trank kannenweise den mit viel Rum versetzten Kräutertee, den das Dienstmädchen ihm braute. Im Grunde war es diese Diät, die Chaim wieder auf die Beine brachte und den Engel mit dem todkalten Kuss verscheuchte. Doktor

Schmulson hatte keine Erklärung dafür, und Zoila, die sie vielleicht hätte geben können, schwieg hartnäckig. Sie war in vielen unerklärlichen Dingen bewandert, und meine Mutter glaubte daran. Überhaupt war sie überzeugt davon, dass schwarze Frauen übersinnliche Kräfte besaßen, mit denen sie in die Natur einzugreifen vermochten.

Darüber wurde fast nie gesprochen, aber wir wussten, so war es. Der Garten hinter dem Haus stand das ganze Jahr lang in Blüte und trug Früchte, und das war Zoilas kundigen Händen und den geheimnisvollen Liedern zu verdanken, die sie sang. Und ihren großen, runden Augen, in denen sich nie Zorn regte, nicht einmal dann, wenn wir in die Küche schlichen, um vom Kuchenteig zu naschen, den sie rührte, oder ihre Schokoladenkringel aus der Speisekammer klauten. Sie versteht sich auf alle Köstlichkeiten Babylons, sagte meine Schwester Victoria. Es war keine Frage, dass Zoila mit nach Jerusalem kommen musste, meine Mutter würde sie unter keinen Umständen zurücklassen.

5

Onkel Chaims unverhofftes Erscheinen war das erste Anzeichen dafür, dass das Jahr, in dem wieder nichts aus unserer Reise nach Jerusalem wurde, anders verlaufen würde als die Jahre davor. Dann verdichteten sich die Hinweise auf den Anbruch einer neuen Zeit, in der Aufregungen und ungewöhnliche Dinge auf uns zukommen würden. Zuerst brachte der Briefträger ein Paket mit Teegeschirr aus der Stadt Safed, das Geschenk einer Schwester meiner Mutter, die das Gelobte Land besucht hatte. Dann steckte er ein paar Illustrierte und Zeitungen an die Tür, die auf Ladino geschrieben waren. Schließlich kam er mit einer kleinen Menora aus Bronze an, die mein Vater bei einem Versandhaus bestellt hatte und die aus unerklärlichen Gründen nur noch die Hälfte kostete. War es das Massel der sieben Arme?

Natürlich hatte sich unsere wirtschaftliche Lage nicht geändert, es ging uns genauso schlecht wie früher, und ich weiß nicht, wie es meine Mutter fertigbrachte, ihrem Bruder hin und wieder etwas Geld zuzustecken. Onkel Chaim hatte ja, ehe er sich zum Sterben niederlegte, alles, was er besaß, verschenkt und lief nun fast nackt durchs Haus, wobei er sich nützlich machte, Staub wischte, den Boden fegte, die Bücher und Papiere meines Vaters in den Regalen und Schubladen sichtete, und tatsächlich gelang es ihm, die herrschende Unordnung einzudämmen, vor allem in der Werkstatt, wo mein Vater abwechselnd über seinen Plänen brütete und an seinen Maschinen bastelte, umgeben von fleckigen Notizbüchern, aufgeschlagenen Folianten, abgegriffenen Rechenschiebern und angekauten Bleistiften. Ich glaube, es war in diesem Durcheinander, wo mein Onkel eines Tages die Anleitung zur Erschaffung der Welt fand. Chaim werkelte aber auch im Garten herum, befreite die Bäume von trockenen Ästen und langen Trieben, flickte im Bad ein Abflussrohr und drang sogar bis in die Küche vor. Dort richtete er delikate französische Salate an, deren Rezepte ihm angeblich ein Pariser Haubenkoch verraten hatte. Wenn er sie dann auftischte, klatschten wir Beifall, und er nahm den Applaus huldvoll, mit einer eleganten Verbeugung, entgegen, wie ein Sologeiger im Konzertsaal. Ein paar Tage lang strich er sogar die Fassade, dann die Wände und den Innenhof. Vom Taschengeld meiner Mutter kaufte er sich Zigaretten, ging einmal die Woche ins Kino und trank drei Tassen Kaffee in der Kneipe des einäugigen Ostrich, eines Deutschen, der uns auf gesittete Art hasste und eine gespaltene Zunge hatte, weil er sich, so hieß es, im Schlaf auf die Zunge biss.

Abends stellten wir immer das Radio an. Dann verwandelte sich Onkel Chaim in einen Schauspieler aus Buenos Aires, Warschau oder New York, bewegte die Lippen zu den Stimmen aus dem Äther, schnitt Grimassen, hob die Arme, ballte die Hand, stampfte mit den Füßen auf, küsste unsichtbare Partnerinnen. Er sang auch stumme Arien, brüllte lautlos wie der grimmige Seewolf, schlich als Inspektor Chan Li Po auf leisen Sohlen durch chinesische Opiumhöhlen. Die Abende mit ihm waren für uns der Höhepunkt des Tages. Wir liebten den Onkel, liebten sein unverschämtes Auftreten und seine faustdicken Lügen, mit denen er uns zum Lachen brachte. Er gab den unsichtbaren Helden der Hörspiele Gestalt und Charakter. Solange er uns unterhielt, brauchten wir keinen dieser Fernsehapparate, deren Erfindung sich schon bis zu uns herumgesprochen hatte. Unsere Köpfe waren ohnehin immer von Bildern erfüllt: Bildern von Menschen, die ihre Koffer packen, um nach Jerusalem zu fahren.

Onkel Chaim war der erste Erwachsene, der fest an die Maschine glaubte, die mein Vater gerade erfand. Der erste, der die Möglichkeiten einer Revolutionierung des Bäckergewerbes erkannte, die in dieser Maschine schlummerten. Er überzeugte uns von ihrer Zukunft, und einige Abende lang hatten wir keinen Zweifel: Diese Maschine würde uns reich machen. Sogar die Augen meiner Mutter begannen zu glänzen, und sie wagte nicht aufzustehen, um die Teller einzusammeln. Die Worte meines Onkels verzauberten uns so sehr, dass das Gelobte Land uns jedesmal farbenprächtiger, formenreicher und klangvoller erschien. Und Chaim zeigte uns viel mehr Landschaften, Tiere und heilige Stätten, als auf den Postkarten und in den Büchern zu sehen waren, die mein Vater zusammen mit anderen Gegenständen, die wir mit Jerusalem verbanden, im obersten Regal der Bibliothek aufbewahrte. Onkel Chaim erzählte in diesen Tagen die unglaublichsten Geschichten von Ländern und Völkern, deren Sprachen niemand verstand und zu denen man gelangte, wenn man eiskalte und siedend heiße Ozeane überquert hatte, und wo die Flüsse so breit waren, dass man erst in ihrer Mitte das andere Ufer sehen konnte, und die Seen so eben und rein wie die Spiegel im Wohnzimmer. In ihrem Wasser tummelten sich durchsichtige Fische und Menschen, deren Haut glatt und glitschig war wie die der Welse, die auf dem Markt verkauft wurden und die wir nicht essen durften, weil sie unrein waren. Er erzählte uns von anderen Ländern, in denen es ohne Unterlass regnete, weshalb die Menschen dort wässrige blaue Augen bekommen hätten und am ganzen Leib behaart seien, als Schutz gegen die Nässe. Für diese Länder erfand Onkel Chaim eigene Namen, so wie er ihre Geografie erfand, und das war der Grund, warum die Enzyklopädien sich über sie ausschwiegen.

6

Unter den Geschenken, die mein Vater hortete, war eine Lampe aus Ton, in deren Gehäuse der erste Satz des Bereschit eingraviert war. Ein Freund von ihm hatte sie in Barcelona gefunden, im ehemaligen Judenviertel, wo er im Tuchladen eines Cousins arbeitete. Dieser Freund hieß Reuvén Toledo und wollte nie nach Jerusalem fahren, denn er hatte nur ein Ziel: eine Schwedin zu heiraten. Davon handelten die Briefe, die er meinem Vater schrieb. Er erzählte ihm von den schwedischen Frauen, die er schon aus der Nähe gesehen hatte, zum Beispiel im Konsulat oder auf Fotos in Illustrierten, und von den Strategien, die er ausheckte, um sie anzusprechen und näher kennen zu lernen. Meiner Mutter war dieser Freund immer etwas unheimlich, aber mein Vater liebte ihn und konnte ihn irgendwie verstehen. So wie es ihm auch gelungen war, meinen Onkel Chaim zu verstehen. Mein Vater störte sich nie daran, mit Verrückten zu tun zu haben, sie erschienen ihm genauso normal wie seine Erfindungen. Und genauso glaubhaft. Deshalb fiel es ihm auch leicht, einen Zusammenhang zwischen dem Optischen Traktat von Leibniz und dem Ersten Buch Sohar herzustellen und aus dieser Verbindung Schlussfolgerungen über den Raum und die unsichtbaren Kräfte zu ziehen, die das Handeln der Menschen bestimmen. Und wenn er seine Studien der Kabbala auch mehr aus Neugier betrieb und um Reuvén Toledo davon berichten zu können, so setzte er sie nach der Ankunft meines Onkels in verstärktem Maße fort, und wir sahen auf dem Tisch in der Werkstatt wieder die Schriftzeichen und Figuren, die den Baum des Lebens darstellten. Chaim und mein Vater stellten theosophische Spekulationen über Gnade, Macht und Glanz des Herrn an und diskutierten nächtelang über verborgene Sinnzusammenhänge. Dann holte mein Vater seinen verstaubten Kompass hervor, und sie gingen daran, den Arbeitstisch nach Osten auszurichten, damit die Sterne und der Mond auf bestimmte Wörter schienen und die zwei Männer, die Gebetsriemen um Arm und Finger gewickelt, das Morgengebet in der vorgeschriebenen Richtung sprechen konnten. Meine Mutter sagte, jetzt seien die beiden endgültig übergeschnappt, und wollte schon die Bücher, denen sie in der Werkstatt frönten, irgendwo verstecken, tat es aber dann doch nicht, weil sie wusste, das würde alles nur noch schlimmer machen, denn entweder würden mein Vater und Chaim das ganze Haus auf den Kopf stellen oder die Lehren der Kabbala noch mal neu erfinden. Das trug uns jedenfalls Victoria zu, die meiner Mutter wie ein Schatten auf Schritt und Tritt folgte und sich auch nichts von dem entgehen ließ, was in der Werkstatt vor sich ging, weil die Zeugnisse der intellektuellen Maßlosigkeit – die mit Skizzen und Zeichen vollgekritzelten Blätter, die überall herumlagen – sie zutiefst erregten. Sie hielt es für möglich, dass in der Werkstatt meines Vaters noch ganz andere Wundermaschinen am Entstehen waren. Meine Schwester, die Leseratte, liebte Geheimnisse. Und nun, da Chaim bei uns wohnte und die Schaffenskraft meines Vaters stimulierte, nahmen die Geheimnisse Gestalt an, und der Tag war nah, an dem wir uns nicht mehr über sie und ihre Fantasien lustig machen würden.

Die Lampe aus Ton stammte eigentlich aus Damaskus und besaß meinem Onkel zufolge Eigenschaften, die einer Begegnung mit G-tt dienlich waren. An einem Donnerstag um Mitternacht, nachdem meine Mutter zu Bett gegangen war, machten sich Chaim und mein Vater ans Werk. Meine Schwester Marta und ich hielten uns in einem Winkel neben dem Schrank verborgen, in dem meine Mutter das Familienporzellan und die Weingläser aufbewahrte. Wir sahen, wie mein Onkel Öl einfüllte und mein Vater den Docht anzündete. Die Flamme tauchte das Zimmer in ein bläuliches Licht. Dann stellten sie die Lampe auf den Tisch, der nach Osten zeigte, und berechneten den Einfallswinkel der Lichtstrahlen. Mein Vater übertrug das Ergebnis auf einen Zettel, maß den Winkel und die Entfernung zwischen der Lampe und den Wänden sicherheitshalber noch einmal nach, stellte erneut langwierige Berechnungen an und brachte zu guter Letzt einige Striche zu Papier, die Onkel Chaim für gelungen erachtete, ohne allerdings – da bin ich mir sicher – den mathematischen Vorgang zu verstehen. Wie sie da standen, zwei blaue Silhouetten, die eine über Lineal und Bleistift gebeugt, die andere sprungbereit, um etwa auftauchende Dämonen und Geister zu bändigen, wirkten sie wie Inkarnationen des Golem von Prag. Sie arbeiteten fast zwei Stunden lang ohne Unterbrechung. Dann machten wir ein Geräusch, das ihnen unsere Anwesenheit verriet. Das Geräusch hatte genau genommen meine Schwester Marta gemacht. Sie war eingenickt und dabei mit dem Kopf gegen den Glasschrank geprallt, was ein Klirren der Kristallgläser zur Folge hatte. Zu unserem Glück lag das Schlafzimmer am anderen Ende des Flurs, sodass meine Mutter nichts hören konnte. Denn sie liebte ihre Gläser und Kelche, die zierlichen Teller und Porzellanfiguren. Und nur sie holte das Geschirr zu besonderen Anlässen hervor, und nach seinem Gebrauch trug sie es Stück für Stück in die Küche und wusch es persönlich ab. Kein anderer durfte an diesen Schrank ran, an dem sich Marta jetzt den Kopf angeschlagen hatte. Chaim und mein Vater schreckten hoch. Sie starrten uns aus weit aufgerissenen Augen an, wie versteinert mitten im Bemühen, das Wunderding zu erfinden, das uns die Reise nach Jerusalem ermöglichen sollte, und das in dem Augenblick, in dem wir den Krach machten, vielleicht schon eine von den Gesetzen des Universums genehmigte Gestalt besaß. Aber sie schimpften nicht mit uns, trotz ihren enttäuschten und ärgerlichen Mienen, wir mussten ihnen nur versichern, meiner Mutter kein Sterbenswörtchen zu verraten. Bei uns zu Hause wurde nie geschworen, wir »versicherten« nur, dies oder jenes zu tun oder zu unterlassen. Natürlich erzählten wir alles sofort Victoria, von ihr war ja nicht die Rede gewesen. Und meine wissensdurstige, neunmalkluge Schwester kniff ein Auge zu und sagte: »Sie bauen eine neue Bundeslade.« Worauf ich erwiderte: »Oder ein zweites Trojanisches Pferd, das uns ins Gelobte Land bringt«, und merkte nicht, dass auch ich schon dabei war, den Verstand zu verlieren.

7

Für den Rest des Monats – Juni 1954 – schloss sich mein Vater in der Werkstatt ein. Tag und Nacht arbeitete er mit Chaims Hilfe an der Brotfabrikmaschine, sodass meine Mutter schon anfing, sich Sorgen zu machen, Herr Sudit, in dessen Fabrik er als Ingenieur beschäftigt war, würde ihn über kurz oder lang rauswerfen. Und jetzt die Arbeit zu verlieren, das wäre der Anfang vom Ende, denn die Zeiten waren schlecht, das stand in der Zeitung, und das konnte man auf der Straße hören. Einige Nachbarn waren der Krise schon zum Opfer gefallen. Ein Jude aus Bessarabien namens Lapciuc, dessen Bassstimme allen einen Schauder über den Rücken jagte, wenn er an den Feiertagen in der Synagoge sang, hatte sich mit der Absicht, seinem Leben ein Ende zu setzen, aus dem fahrenden Autobus gestürzt. Abgesehen davon, dass er Schürfwunden an den Ellbogen und im Gesicht davontrug, war auch seine Brille zerbrochen, und ein paar Splitter hatten sich in sein linkes Auge und die Nasenwurzel gebohrt. Alles deshalb, weil die Firma, deren Auslandskorrespondenz er führte, ihn auf die Straße gesetzt hatte. Meine Mutter behauptete, dass er außer den Kindern hier, sommersprossigen Flegeln mit grünen Augen und roten Haaren, die jedesmal, wenn wir an ihrem Haus vorbeigingen, hinter uns herpfiffen, noch andere Sprösslinge in Russland habe, für die er Unterhalt zahlen müsse. Der Selbstmordversuch des Kantors war für meine Mutter ein böses Zeichen. Wir waren zwar schon immer knapp bei Kasse, jetzt malte sie sich aber aus, wie es weiterginge, wenn mein Vater arbeitslos würde: Als Erstes würde sie losziehen und alles vom Haus, das irgend einen Wert hatte, verkaufen; dann, wenn der Erlös aufgezehrt wäre, würde sie die Familie mit Koriander und Petersilie ernähren; und schließlich würden wir alle Hungers sterben, das wusste sie aus den Illustrierten, die sie mit einer Mischung aus Abscheu und Faszination las. Aber all das machte ihr weniger aus als die Befürchtung, meine Großmutter mütterlicherseits könnte Wind davon bekommen, denn die hatte ihre Ohren überall. Allein der Gedanke, meine Großmutter um Hilfe bitten zu müssen, bereitete ihr Magenkrämpfe. Dabei war nicht zu erwarten, dass ihre Mutter ihr die Tür vor der Nase zuschlagen und uns fiebernd, in Lumpen und bis auf die Knochen abgemagert im Regen stehen lassen würde. Nein, so etwas würde meine Großmutter nie tun. Was meine Mutter fürchtete, waren die harschen Worte, die sie über sich ergehen lassen müsste, die Kränkungen und Klagen, den Spott, die Beschwörung einer Vergangenheit, die für immer dahin war, die Verunglimpfung meines Vaters als blutsaugender Verführer, so einer wie Nosferatu. Im Kopf meiner Mutter liefen immer Horrorfilme ab, wenn sie von Not und Elend anderer Leute erfuhr, und wir sahen oft, wie sie, ohnmächtig und verzweifelt, mit den Fäusten gegen die Wand schlug, ohne jemanden zu haben, zu dem sie beten konnte, denn sie glaubte an nichts und niemanden. G-tt war tot für sie, seitdem mein Großvater mütterlicherseits ihr eröffnet hatte, dass die Hühner und die Menschen aus demselben Ei kämen und dass der Tod nichts anderes sei als ewige Stille.

Aber Herr Sudit liebte meinen Vater wie einen Sohn (seine Frau, sie ruhe in Frieden, war unfruchtbar gewesen) und erlaubte ihm, sich einen Monat lang dem Wahn des Erfindens hinzugeben. Er kam sogar zu uns herüber, um sich vom Fortgang der Arbeit zu überzeugen – Besuche, die ihm zur Gewohnheit wurden, wie atmen oder der Gang zum Klo – und um sich mit meinem Onkel zu unterhalten, der sein Kauderwelsch bestens verstand, dieses Sprachgemisch aus aller Herren Länder und dem gebrochenen Spanisch des ewigen Einwanderers, denn der Chef meines Vaters hörte nie auf, Ausländer zu sein. Sudit und Chaim (der eine Aschkenase, der andere Sepharde) belebten unser Haus mit unbekannten, erfundenen, fröhlichen und ernsten, biblischen und sündhaften Worten, die uns forttrugen, an das Meer von Odessa, über türkische Landstraßen, in die engen, dunklen Marktgassen von Teheran oder in die Tiefen der Genisot Kairos. Und während wir diesem babylonischen Wortgepränge lauschten, kochten Zoila und meine Mutter schwarzen Tee für Herrn Sudit und Früchtetee für meinen Vater und Tee mit Rum für meinen Onkel.

Die Kannen voll Tee, Wörter, die rätselhaft blieben, und eine Maschine, die allmählich Gestalt annahm, das beherrschte unseren Alltag bis zum ersten Tag im Juli, als der Sommer einsetzte und es so heiß wurde, dass Zoila etwas von Teufeln vor sich hinmurmelte, worauf meine Schwester Victoria, der kein Wort entging (sie hörte alles mit, was geredet wurde, darum wusste sie auch mehr als wir), sie zurechtwies: »Teufel gibt's nur, wo es kalt ist.« Darauf begann Zoila, wie um sich über sie lustig zu machen und um sie zu reizen, eine fremd klingende Weise zu singen, vielleicht in der Sprache ihrer afrikanischen Vorfahren, oder vielleicht erfand sie die Laute auch nur. Jedenfalls wurde meine Schwester wütend, und meine Mutter musste eingreifen, damit der Streit zwischen den beiden, der bereits in Handgreiflichkeiten ausgeartet war (Victoria geriet sehr schnell in Rage, vor allem, wenn sie sich auf den Arm genommen fühlte), nicht den ganzen Betrieb lahmlegte. Sie verbot meiner Schwester den Zutritt zur Küche, was Victoria schwer traf, denn sie liebte es, stundenlang dort zu sitzen und die verschiedenen Arten und Formen von Dampf, der aus den Töpfen stieg, zu studieren und über die von den Gerüchen geschaffenen Bilder Betrachtungen anzustellen. Aus der Küche verbannt, suchte Victoria in der Bücherei unseres Viertels Zuflucht. Dort war sie bald eine bekannte Erscheinung, wegen der riesigen Reisetasche, die sie mit sich herumschleppte und die mit Papieren, Bleistiften und Sodaplätzchen vollgestopft war, und wegen der Unmenge von Büchern, die sie verschlang, wobei sie alle merkwürdigen Dinge, die sie gelesen hatte, in einer arabisch anmutenden Kurzschrift herausschrieb und kommentierte. In der Bücherei lernte sie Samuel Barcas kennen, der süchtig war nach Kriminalromanen. Die beiden passten zueinander wie Wasser und Öl. Gemeinsam war ihnen nur die Abneigung gegen Milch und die Lesewut. Im Übrigen ging es zwischen ihnen zu wie bei Samson und den Philistern.

8

Am 6. Juli des Jahres, in dem wieder nichts aus unserer Reise nach Jerusalem wurde, an meinem Geburtstag also, führte mein Vater der Familie zum ersten Mal seine Brotfabrikmaschine vor, die er mithilfe von Werken der Physik, der Kabbala und der schönen Literatur sowie einer Unzahl eigens adaptierter Gerätschaften endlich fertiggestellt hatte. Da wir kein Geld für die Anschaffung von Werkzeugen hatten, musste jedes Stück, das wir besaßen, mehrere Funktionen erfüllen, und so verwandelte sich eine Zange in einen Präzisionshammer, eine Schere in eine Brücke zur Herstellung eines elektrischen Kontakts, ein Nagel mit breitgeschlagener Spitze in einen Schraubenzieher und so fort. Im Grunde hatte mein Vater mehr Zeit darauf verwendet, das benötigte Werkzeug herzustellen und die Vergeudung von Material zu vermeiden, als auf die Konstruktion der Maschine selbst. Fast alles ließ sich irgendwie verwenden, sogar sein Rasierpinsel und die Schuhspanner meiner Mutter.

Onkel Chaim bestand darauf, dass wir für die Premiere der Brotfabrikmaschine Feiertagskleidung anlegen, wie an einem der großen Tage in der Synagoge.

Er beauftragte auch einen Fotografen, das Ereignis in Bildern festzuhalten, das Geld dafür hatte ihm wahrscheinlich Herr Sudit vorgestreckt oder geschenkt. Mein Vater und meine Mutter setzten sich in die Mitte, rechts von ihnen Chaim mit zwei meiner Geschwister auf den Knien, Herr Sudit nahm in einem Korbstuhl zu ihrer Linken Platz, wir Übrigen saßen auf Kissen am Boden, und Samuel Barcas stand mit verkniffener Miene etwas abseits, als würde er uns nicht über den Weg trauen (meine Schwester Victoria hatte sich vor meine Mutter gesetzt, um deren Bedenken wegen der Anwesenheit ihres Freundes zu zerstreuen). Es wurden vier Aufnahmen gemacht: einmal ernst, einmal lachend, einmal schauten wir in die Kamera, einmal auf die Wundermaschine. Mein Onkel Chaim führte Regie. Dann begann das Fest, bei dem Samuel Barcas mehr als alle anderen aß, obwohl meine Mutter und wir die Augen auf ihn geheftet hatten. Wir hassten Samuel Barcas vom ersten Augenblick an, wir mochten weder seine weiten Hosenbeine noch seine Hände, die lang und hart wie Krebsschalen waren, noch seine Augen, die einem immer auswichen. Aber da stand er, in unserer Runde, am Rand der Fotos.

Die Maschine, die mein Vater erfunden hatte, war so groß wie ein durchschnittlicher Tisch, aber mehr hoch als breit. Oben hatte sie einen großen Trichter, in den Wasser und Mehl geschüttet wurden, um weiter unten angerührt zu werden. Einige Rohre, die wie

Lippenstifte aus- und eingezogen werden konnten, dienten dazu, dem Teig Öl oder Butter, Hefe und Kräuter zuzuführen. Im Bauch der Maschine warteten hydraulische, von Wechselstrom betriebene Schaufeln darauf, den Teig zu schlagen, der dann in die Backformen klatschen würde, die im unteren Bereich der Maschine eingebaut waren. Dort war auch der Backofen und davor die Klappe, aus der am Ende die knusprigen Brote kommen sollten.

Das Neuartige der Erfindung bestand darin, dass sie auf der Grundlage des Beschleunigungsgesetzes funktionierte, was bedeutete, dass Brot schneller als bisher und mit geringerem Energieverbrauch hergestellt werden konnte. Das war es jedenfalls, was wir verstanden hatten und was, so schien mir, Herrn Sudit nicht einleuchten wollte, aber er war auch nicht da, um hinter das Geheimnis zu kommen, sondern um Ergebnisse zu sehen.

Bevor die Maschine in Betrieb genommen wurde, sprachen wir alle den Spezialitäten meiner Mutter zu, Olivensalat, Reis mit Mandeln, Gries mit Kräutern, Auberginen in Olivenöl und Hammelkeule in süßer Sauce. Und am Ende, noch während wir Mandelbrot und Marzipan aßen und die Teller mit Weißbrot auswischten, prosteten wir uns mit süßem Kirschwein und Anisschnaps zu. Dann erhob sich mein Vater, der vor Aufregung rote Flecken bekommen hatte, trat an die Maschine und nahm die entsprechenden Mischungen von Mehl, Zucker, Hefe, Wasser und Öl vor, wobei ihm Onkel Chaim mit routinierten Bewegungen zur Hand ging. Dann zog er einen Hebel an der Schmalseite der Maschine nach unten. Und wie geplant spuckte sie nach kurzer Zeit die ersten Brote aus. Wir klatschten in die Hände, schrien »Hurra!« und umarmten meinen Vater. Jetzt stand fest, dass wir im nächsten Jahr nach Jerusalem fahren konnten.

Während wir die Maschine staunend betrachteten, scheu ihr grün-orangefarbenes Gehäuse berührten und gleich darauf unsere Fingerabdrücke abwischten, setzte mein Onkel zu einem Vortrag über die Geschichte der großen Erfindungen und den Scharfsinn der Erfinder an. Wir hörten gespannt zu, auch Victoria, die mit ihren runden Eulenaugen still in einer Ecke saß. Doch Samuel Barcas meldete Zweifel an Chaims Schilderungen an. Ihm wollte es nicht in den Kopf, dass die Maschinen, die mein Onkel in allen Einzelheiten beschrieb und deren Erfinder er persönlich gekannt hatte, tatsächlich existierten. Maschinen, die Menschen unsichtbar machen oder schrumpfen lassen konnten, bis sie klein wie ein Nadelkopf waren, Apparate, mit deren Hilfe man Bücher in jeder Sprache und mit geschlossenen Augen lesen konnte, Fahrzeuge, die sich sowohl auf als auch unter dem Wasser fortbewegten und sogar zum Mond und zu den Sternen fliegen konnten, Automaten, die den Menschen die Arbeit abnahmen, damit wir uns ausschließlich der Philosophie widmen und der Frage nachgehen konnten, was Sünde war und was nicht. All das stellte Samuel Barcas in Abrede, und Victoria musste ihm unter dem Tisch auf die Zehen treten, damit er endlich Ruhe gab. Keinem von uns gefiel dieser Freund meiner Schwester, der so viel aß und so viel zweifelte. Nicht einmal dem alten Herrn Sudit, der ihn von klein auf kannte und schließlich zur allgemeinen Genugtuung am Tisch tadelte. Als Samuel Barcas ging, wurde die Luft wieder rein.

9

Während mein Vater sich nach einem Käufer umsah und das Wunder zu reparieren versuchte, denn nach dem geglückten Start waren unerklärlicherweise technische Probleme an der Maschine aufgetreten (Marta behauptete, wegen der negativen Energie, die von Samuel Barcas ausgegangen war), trat Onkel Chaim eine Stelle als Buchhändler an. Natürlich nahm er weiterhin regen Anteil am Projekt meines Vaters, bei dem sowohl das Backrohr (das zu tief angebracht war) als auch das Reinigungssystem gravierende Mängel aufwiesen. Es wollte meinem Vater einfach nicht gelingen, die Heferückstände zu beseitigen. Die Bäcker, fast alles orthodoxe Juden, weigerten sich, eine Maschine, die ihnen mit Resten von gesäuertem Brot das Pessachfest zu verderben drohte, auch nur anzuschauen. Außerdem war die Maschine in der Einzelfertigung zu teuer. Eine Serienproduktion wiederum kam nicht in Frage, da mein Vater hoch verschuldet war und es sich nicht leisten konnte, in eine Fabrik zum Bau von Brotfabrikmaschinen zu investieren. Er sprach zwar nie davon, aber man sah ihm den Kummer an, und manchmal hörten wir, wie er und meine

Mutter hinter geschlossener Schlafzimmertür heftig miteinander redeten. Schließlich und endlich war die Maschine, die automatisch Brot herstellen konnte, etwas noch nie Dagewesenes, und mein Vater ein genialer Erfinder, aber nur wenige Leute glauben an noch nie Dagewesenes und daran, dass nebenan ein Genie wohnt. Nicht einmal Herr Sudit, der das allmähliche Werden der Wundermaschine verfolgt und ihrer Premiere beigewohnt hatte, war frei von Zweifeln. Tatsache war, dass die Maschine nicht spuren wollte, und mein Vater kämpfte mit ihr wie der Heilige Georg mit dem Drachen. Ein verrückter Kampf, der mehrere Tage und Nächte dauerte und nicht in der Werkstatt stattfand, sondern im Kopf meines Vaters. Er stand jeden Morgen mit geröteten Augen auf, lief unruhig durchs Haus und rauchte mehr, als ihm gut tat. Einmal brannte er sogar ein Loch in das Tischtuch im Wohnzimmer, und meine Mutter verfluchte die Erfindung, während sie das Loch stopfte. Im August wussten wir schon, dass auch in diesem Jahr nichts aus unserer Reise nach Jerusalem würde, es sei denn, ein Wunder geschähe.

Die Buchhandlung, in der Chaim arbeitete, gehörte einer Witwe mit zwei erwachsenen Töchtern, die ziemlich verzogen waren. Die beiden jungen Frauen saßen wie zwei Wachsfiguren den ganzen Tag hinter der Registrierkasse und verfolgten argwöhnisch jede Bewegung meines Onkels, der ihnen unanständige Lieder vorsang und sie damit in Verlegenheit brachte. Diese Lieder musste er in irgendwelchen Spelunken und anderen Brutstätten der Sünde aufgeschnappt haben, die auch in seinen Erzählungen bei Tisch immer wieder vorkamen, freilich in harmlos klingende Metaphern gekleidet, damit wir nicht verdorben würden, und in denen Männer, die auf einem Auge eine Klappe trugen, sich mit Springmessern den Dreck unter den Nägeln herauskratzten und Frauen ihre Beine auf eine unanständige Art in die Höhe schwangen, eine Schaustellung, »bei der man am besten nicht hinguckt und die man auf keinen Fall nachahmen darf«, wie Chaim schnell hinzufügte, damit meine Mutter ruhig atmen konnte. Die Witwe stellte ihn an, nachdem er sie davon überzeugt hatte, dass er alle Sprachen auf Erden beherrschte und sich über Religion, Philosophie, Literatur und Wissenschaft mit der Beflissenheit eines Professors der Hebräischen Universität auslassen konnte. Ihre Gunst gewann er vor allem mit der Geschichte vom Alcázar von Toledo, an dessen Verteidigung er selbstverständlich beteiligt gewesen war. Er erzählte ihr vom Kampf gegen die republikanischen Horden, vom Übel des Kommunismus, davon, wie der Prophet Elias ihn mitten im Kugelhagel mit frischem Wasser versorgt habe, von den Engeln, die den Nationalen zu Hilfe kamen, sodass diese dem Ansturm des Bösen standhielten. Die Frau hing an seinen Lippen, er bestätigte sie in ihrer Vorstellung von der Beschaffenheit der Welt, was ihm nicht weiter schwer fiel, weil er auf seinen Reisen gelernt hatte, den Charakter und die Einstellung der Menschen an deren Gesicht und Körper abzulesen. So bekam er die Stelle in der Buchhandlung – und obendrein die zwei Drachen aufgehalst, ihre Töchter.

10

Im selben Jahr 1954 standen eines Tages im August Samuel Barcas' Eltern vor der Tür. Sie wurden höflich ins Haus gebeten, obwohl Herr Barcas nichts anderes tat, als von Anfang an schlecht über meine Schwester Victoria zu reden. Er beschuldigte sie, seinen Sohn mit gottlosen Schriften zu verderben. Vater Barcas war groß, hager und knorrig, hatte rote Augen wie ein Kaninchen und eine laute Stimme. Seine Frau dagegen glich einer Zwiebel. Und jedesmal, wenn sie den Mund aufmachte, kam ein Pfeifen heraus. Die Barcas wiesen den Tee und die Kekse, mit denen meine Mutter ihnen aufwarten wollte, mit dem Hinweis zurück, dass sie sich auf das Gedalja-Fasten vorbereiteten. Dann verlangten sie von meinen Eltern, Victoria jeden weiteren Umgang mit Samuel zu untersagen. Frau Barcas sagte mit ihrer pfeifenden Stimme: »Anständige Mädchen gehören ins Haus und haben nichts auf der Straße verloren.« Und sie hätte bestimmt noch weiter Gift verspritzt, wäre da nicht mein Onkel zur Tür hereingekommen. Chaim kannte die Barcas schon, er hatte Samuels Vater einen Schulchan Aruch in Goldprägung und mit Kommentaren von Abraham

Butz, dem Rabbi von Brüssel, verkauft. Außerdem eine jüdische Enzyklopädie auf Spanisch und Hebräisch und ein paar Fotos mit jungen Frauen in Badeanzügen (ein Geschäft, dessen Vertraulichkeit mit einem Augenzwinkern besiegelt worden war). Die Anwesenheit meines Onkels, der mit zwei Tüten vom Markt gekommen war, aus denen Selleriestangen ragten (seit er eine feste Arbeit hatte, brachte er meiner Mutter immer was mit), verminderte die Spannung. Schutzengel Chaim, dachte Victoria, die auf ihrem Horchposten in der Ecke alles mitkriegte.

Mit einem Wortschwall, dem bis auf die Zwiebelfrau niemand widerstehen konnte, holte Chaim zu einer Verteidigungsrede für Victoria aus. Sie sei die Inkarnation jüdischer Kultur und Zivilisation schlechthin, eine neue Sarah, oh wenn doch alle Erwachsenen nur halb so klug und belesen wie dieses zwölfjährige Mädchen wären, dank dem das Judentum lebendig bleibe, und so weiter. Am Ende seiner Ausführungen standen die Barcas wie ausgekochte Antisemiten da, nicht weil er es ihnen ins Gesicht gesagt hätte, sondern weil er es suggerierte. Aus Angst, die sündhaften Bilder könnten zur Sprache kommen, vermied es Herr Barcas tunlich, noch einmal den Mund aufzumachen. Als er mit seiner Frau wieder abzog, die von all dem Gift, das sie nicht hatte abladen können, ganz grün im Gesicht geworden war, blieb meine Mutter bekümmert zurück; sie hatte nicht geahnt, dass Victoria auf dem besten Weg war, eine Talmudgelehrte zu werden. »Wenn das Mädchen so weitermacht, verliert es noch den Verstand«, sagte sie und wischte sich die Hände an der Schürze ab. Am Abend wollte sie meiner Großmutter schreiben, und in ihrem Brief würde es diesmal um Victoria gehen. Meine Mutter schrieb jede Woche einen Brief, und wenn etwas Außergewöhnliches geschah, sogar zwei. So hielt sie Verbindung zu ihrer Familie und zu den Vorwürfen ihrer Mutter, die jedes Schreiben umgehend beantwortete. Das Briefpapier meiner Großmutter roch nach Parfum, und auf den Kuverts klebten Marken, die uns faszinierten. Marta sammelte sie in einem Heft, das außer ihr niemand ansehen durfte. Sie liebte diese kleinen gezackten Boten von jenseits des Ozeans.

Nachdem die Barcas gegangen waren, ohne die Kekse und den Tee angerührt zu haben, und als nur noch der süßliche Geruch der Frau im Zimmer stand, zündete sich mein Vater eine Zigarette an, setzte sich in den Schaukelstuhl und streckte die Beine von sich. Dann schloss er die Augen und wir wussten, jetzt war er auf einem anderen Stern. Er hatte sich von den Dingen, die den Alltag ausmachten, gelöst, um nachzudenken, wie die Probleme seiner Brotfabrikmaschine zu lösen seien.

Mein Onkel führte an diesem Abend einen Kosakentanz vor. Dann erzählte er uns von den weißen Bären, die an den Polen wohnten, Bären, die so groß und breit waren wie zwei Männer zusammen und sich von Fischen ernährten, sie brauchten nur mit den Pranken ins Wasser zu greifen. Diese Fische hatten blaue und grüne Schuppen, aber ihr Fleisch war rot, röter als Lachsfleisch, und in ihren Eingeweiden wuchsen Perlen, wie in den Austern. Chaim sagte, die Eskimos seien ganz scharf auf sie und fingen sie vor allem im Sommer, denn da seien die Perlen besonders groß und ein wenig länglich, und die Eskimomänner steckten sie ihren Frauen zwischen die Zähne, zum Schmuck und als Zahnersatz. Onkel Chaim erzählte uns auch von den sprechenden Fischen, die in Sümpfen tief im Urwald leben und die so selten sind, dass sie noch kein Mensch sprechen gehört hat. Meine kleineren Geschwister bettelten darum, aufbleiben zu dürfen, um ja nichts von all diesen wunderbaren Geschichten zu verpassen. Aber dann schliefen sie doch ein, und wir mussten sie ins Bett tragen.

II

Zu unserer Verwunderung und wohl um seine Attacke gegen meine Schwester wieder gutzumachen, entwickelte Herr Barcas ein lebhaftes Interesse an der Brotfabrikmaschine. Der Geniestreich meines Vaters hatte sich schnell im Viertel herumgesprochen, schließlich hatten wir die Neuigkeit überall ausposaunt. Aber im Gegensatz zu anderen Nachbarn begnügte Barcas sich nicht damit, die Maschine mit eigenen Augen zu sehen; er war der erste, der sachliche Fragen stellte und die Auskünfte meines Vaters säuberlich in einem Notizbuch festhielt, so eines, wie sie die reichen Leute verwenden, mit einem Einband aus feinem Leder. Barcas zählte zwar nicht zu den Reichen, war aber sozusagen vom Fach, denn er importierte Ersatzteile und stand mit Händlern aus der ganzen Welt in Verbindung. Man könnte die Maschine, sagte er, in England, in New York, in Deutschland anbieten. Aber vorher sollte man sie noch patentieren lassen, damit niemand auf die Idee käme, sie nachzubauen.

Diese Worte fachten die Fantasie meines Vaters wieder an, und vor dem Abendessen erzählte er uns allen, wie es mit seiner Erfindung weitergehen würde, dass man bald Artikel in Fachzeitschriften darüber lesen könne und dass er den Zeitungen und im Radio Interviews werde geben müssen. Er sagte auch, dass die Maschine den Namen eines seiner Kinder tragen würde, wessen Namen, darüber sollte der Dreidel entscheiden. Meine Mutter zuckte mit den Achseln, und Chaim fuhr sich mit der Zunge über die Zähne, wie immer, wenn es ihm nicht gelang, sich etwas Bestimmtes vorzustellen. Mein Onkel sagte aber nichts, weil er keine Verwirrung stiften und die Gewissheit meines Vaters, mit der Familie nach Jerusalem zu fahren, nicht erschüttern wollte. Eine Gewissheit, die wie die Klagemauer aussah, alt und rissig und voller gefalteter Zettel, die in den Ritzen steckten. In diesen Tagen lebte mein Vater in einer unerhörten Spannung, und seine Träume waren wirr. Ich glaube, etwas davon sprang auf uns über, denn wir akzeptierten die Widersprüche, ohne Einwände vorzubringen, so wie die Schüler des Jerusalemer Talmud.

Zu der Zeit, als Barcas begann, sich für die Maschine zu interessieren, war mein Vater ziemlich niedergeschlagen. Obwohl er wie besessen arbeitete und in Herrn Sudits Fabrik sogar Überstunden machte, verdiente er nicht genug, um etwas auf die Seite zu legen. Wir waren viele Kinder und mitten im Wachstum, aßen eine Menge und brauchten Bücher und Kleider, Nachhilfestunden in Mathematik und Englisch (für letztere kam allerdings Onkel Chaim auf). Außerdem musste mein Vater die Schulden zurückzahlen, in die er sich wegen der Maschine gestürzt hatte, die weiter still in seiner Werkstatt stand, wie ein unentdeckter Gott. Ein Gott in grün und orange, der die Fähigkeit besaß, im Handumdrehen Brot zu erschaffen. Es war unglaublich, dass in einer Welt wie der unseren, wo Tag für Tag so viel Brot gegessen wurde, die Erfindung meines Vaters nicht genau so wichtig war wie die Luft, die man atmet.

Schließlich beteten wir sogar zu G-tt, dass es Barcas gelingen möge, die Erfindung zu verkaufen, aber G-tt erhört solche Gebete nicht oder schiebt ihre Erfüllung hinaus, weil ihm andere Gebete wichtiger sind, ganz normale, die ihm mehr zu Herzen gehen. Dass wir bei ihm kein Glück hatten, lag auch an uns, weil wir uns manchmal unsinnige oder allzu materielle Dinge gewünscht hatten. Außerdem war mein Vater kein guter Jude, er glaubte mehr an die Geschichte als an die Religion, mehr an Jerusalem als an eine höhere Gewalt, die sich um uns kümmerte. So gesehen waren unsere Gebete für die Katz, sie verpufften wie Rohrkrepierer, noch ehe sie dem Herrn zu Ohren kamen. Aber das hinderte uns nicht, das Schema Jisrael mit Inbrunst aufzusagen, wie die Besatzung eines Schiffs, das am Kentern ist.

12

Am letzten Augusttag des Jahres 1954 brachte der Briefträger einen dicken Umschlag ins Haus. Er kam aus Barcelona, und der Absender war Reuvén Toledo. Meine Mutter legte ihn auf den Tisch im Esszimmer, damit die ganze Familie meinem Vater beim Öffnen zusehen konnte. Sie hielt Reuvén für einen Windbeutel, aber weil der Umschlag so groß und dick und mit Briefmarken vollgeklebt war, glaubte sie, er enthalte etwas Wichtiges, und wollte uns alle, Herrn Sudit eingeschlossen, an der Zeremonie des Aufmachens teilhaben lassen. Onkel Chaims Begeisterung und unsere täglichen Gebete hatten wohl auch bei ihr die Hoffnung geweckt, wir würden am Ende doch noch nach Jerusalem kommen. Ihr war bewusst, dass sie mit lauter Verrückten unter einem Dach zusammen wohnte, und in einer solchen Gesellschaft konnten selbst unmögliche Dinge wahr werden. So reichte – wider alle Vernunft – das Geld immer noch, um uns zu ernähren, und mein Vater konnte weiter hektisch durchs Haus laufen, anstatt vor einem Fenster zu stehen und ins Leere zu starren. Außerdem fing sie an, Herrn Sudit zu verstehen, und das bedeutete, dass sie in allen Wörterbüchern der Erde zu Hause sein musste. Wie Zoila hatte sich meine Mutter an die Gespräche an unserem Tisch gewöhnt, die vor den Grenzen der Realität nicht Halt machten. Sie tat dies, indem sie nicht widersprach, wobei ihr Standpunkt irgendwo zwischen dem kollektiven Wunschtraum der Reise nach Jerusalem und dem Verdacht lag, Barcas könnte vielleicht doch nicht der Messias sein, den wir brauchten. Aber dieser Verdacht wurde nie laut, und deshalb ließen sich die Träume dieses Monats in die Länge ziehen wie Kaugummi. Meine Schwester Victoria hatte den Sinneswandel meiner Mutter als Erste bemerkt. Sie sagte, der Engel Tobias habe ihr die Augen geöffnet.

In dem Umschlag befanden sich drei Briefe und vier Pläne von Maschinen, die zur Zeit von Isaac ben Scheschet in Girona angefertigt worden waren. Im ersten Brief stand, dass sie meinem Vater nützlich sein könnten; er möge sie studieren und den Gegebenheiten der Moderne anpassen. Ein Plan trug die Bezeichnung »Vogelfabrik« und schlug eine Maschine vor, mit der man Vögel konstruieren konnte, die so groß waren wie der kleine Finger einer durchschnittlich gebauten Frau. Ein anderer enthielt die Berechnungen für eine mechanische Anlage, die imstande war, verseuchtes Wasser zu entgiften. Der nächste war viermal gefaltet, auf ihm waren zwei riesige Maschinen in Form von Schneebesen zu sehen, mit denen man sich ganzer Armeen entledigen konnte, indem man sie zu Schaum schlug. Der vierte Plan – der einzige, der meinem Vater kein Lächeln entlockte – zeigte eine Maschine, die große Ähnlichkeit mit seiner Erfindung hatte, nur dass sie breiter und niedriger war. Mein Vater rieb sich lange das Kinn. Dann sagte er: »Jetzt essen wir erst mal.« Keiner von uns sprach ihn auf den vierten Plan an. Die anderen drei lieferten willkommenen Gesprächsstoff, vor allem meinem Onkel, der von der Idee, Vögel zu produzieren, ganz begeistert war. Diese Maschine passte gut zu seinen fantastischen Erlebnissen im Tyrrhenischen Meer, wo den Reisenden Gefahr nicht von Stürmen drohte, sondern von Drachen und Frauen mit roten Schleiern. Chaim redete ohne Unterlass, bis meine Mutter sagte, wir sollten endlich zugreifen, denn Worte ohne Essen seien wie Äpfel aus Wachs.

Im zweiten Brief schrieb Reuvén Toledo meinem Vater, dass er von dem Gedanken, eine Schwedin zu heiraten, abgekommen sei. Stattdessen habe er sich eine spindeldürre Irin angelacht, die alles daransetze, ihn zum katholischen Glauben zu bekehren. Sie habe tagsüber und auch nachts eine karierte Mütze auf, und ihre Schultern seien eine Wiese voller Sommersprossen. Meine Mutter fand es schandbar, dass jemand zur Beschreibung einer Frau ihre Schultern bloßlegte, anstatt von ihren Händen, ihrem Lächeln zu reden. Onkel Chaim sagte nichts, er schaute sie nur mit einem gequälten Gesichtsausdruck an. Im dritten Brief eröffnete Reuvén Toledo meinem Vater unter dem Siegel der Verschwiegenheit, dass er an Durchfall litt, eine Krankheit, die seinen Körper allmählich austrockne. Er schilderte die Symptome in allen Einzelheiten, den physischen Vorgang an sich, die Zeit, die er auf der Toilette absaß, das Ziehen in den Eingeweiden und die Anstrengung, die es ihn kostete, sich von der Klomuschel zu erheben. Denn nachdem er dem Drang nachgegeben hatte, vermochte er sich kaum auf den Füßen zu halten, und sein After brannte wie Feuer. Und obwohl er sein ganzes Geld für Medikamente ausgegeben habe, sei es kaum besser geworden, und er habe bereits braune Zähne von dem vielen Sirup, den ihm der Arzt verschrieben habe. Immerhin habe die Krankheit auch ihre guten Seiten, so habe er sich die Zeit auf der Toilette mit dem Lesen von Romanen verkürzt, und es sei ihm dort auch gelungen, mit Hilfe einer Grammatik etwas Französisch zu lernen, was ihm bald zugute kommen werde, weil er sich mit der Absicht trage, nach Limoges zu fahren, um eine Jugendfreundin zu treffen. Eine frei erfundene Freundin, sagte meine Mutter und fügte hinzu, Reuvén Toledo sei ein Lustmolch und ein unappetitlicher dazu, denn solche Geschichten hätten in einem Brief nichts verloren, bestimmt habe er ihn geschrieben, ohne sich vorher die Hände zu waschen, und so weiter. Für meine Mutter waren Briefe dazu da, das normale Leben nachzuerzählen, Intimitäten hätten darin nichts zu suchen, schon gar nicht die detailfreudige Beschreibung einer Krankheit, es reiche, sie kurz zu erwähnen. In seinem Brief riet Reuvén Toledo meinem Vater auch, seine Prostata regelmäßig untersuchen zu lassen, und er legte Zeitungsartikel bei, die diesem Leiden gewidmet waren, das schlimmer sei als Hämorrhoiden, die in der Familie meiner Mutter weit verbreitet waren, angeblich wegen ihrer Vorliebe für scharf gewürzte, fettige Speisen. Aber wer weiß, ob dieses Übel nicht vielmehr von der Unart meiner Großmutter herrührte, bei Tisch einen Kasernenhofton anzuschlagen, der alle Esser einschüchterte. Sie hatte ein festes Regelwerk, das strikt eingehalten werden musste, und geriet außer sich, wenn eines der Kinder rülpste oder die Suppe schlürfte. Chaim machte sich über seine Mutter lustig, er erzählte uns, wie sie, als er klein war, immer nur darauf gelauert habe, dass sich einer daneben benahm. Das brachte wiederum meine Mutter gegen ihn auf und zwang meinen Onkel, das Thema zu wechseln.

Mein Vater verwahrte Reuvén Toledos Briefe in einer Blechbüchse, die einmal englisches Teegebäck vor Feuchtigkeit geschützt hatte und auf der Damen des viktorianischen Zeitalters zu sehen waren, die grüne Regenschirme trugen und an der Seite von Herren mit Zylinderhüten lustwandelten. Und die Pläne aus Girona schob er unter diese Büchse. Damit schien die Sache erledigt. Allerdings hatte Herr Sudit vorher, bei Tisch, davon gesprochen, dass es sich lohnen würde, die Anleitung zur Konstruktion der beiden überdimensionalen Schneebesen genau zu studieren. Falls sie wirklich funktionierten, dann wolle er für das nötige Kapital sorgen, um mit ihnen die Rote Armee zu zerschlagen und den Kreml in Schutt und Asche zu legen, ein Bauwerk, das für ihn die Hölle schlechthin war, mit dem Gehörnten inmitten schwefelgelber Flammen. Herr Sudit hasste Stalin, für ihn war er ein tollwütiger Hund gewesen, der Gift und Geifer spie. Sudit hatte das Terrorregime selbst erlebt, die Angst vor dem KGB und den Wahnsinn der Denunziationen. Aber alles, was wir von ihm wussten, war, dass er aus Odessa geflohen war und seine Familie hatte zurücklassen müssen. Es musste schrecklich gewesen sein, weil er an nichts anderes dachte, als die Bolschewiken brennen zu sehen.

Nach mehr durften wir ihn nicht fragen, mein Vater hatte es verboten, zu Victorias großer Enttäuschung. Sie sah Herrn Sudit vor sich, wie er in eisiger Kälte durch die Tundra irrte, wie die Frau an seiner Seite in einem Birkenwald eine Fehlgeburt erlitt, wie sie sich im Kugelhagel liebten, während um sie herum die Wölfe heulten. In ihrer Vorstellung überschritt er zahllose Grenzen, und nach jeder Grenze flossen neue Wörter in seinen Wortschatz ein und bereicherten und verwirrten diesen, in einem Roman sei das auch so gewesen, dass sich die alten Wörter mit den neuen vermählt hätten, und aus der Vermählung seien ganz neue Wörter hervorgegangen, die noch kein Mensch auf Erden gehört habe, Wörter, die andere als die bekannten Bedeutungen hatten und durch deren Gebrauch die Dinge ihre Form veränderten, sodass neue, unfertige Welten entstanden, die zum Fürchten waren, weil noch kein Reisender seinen Fuß in sie gesetzt hatte. Victoria redete immer viel zu viel bei Tisch, und mehr als einmal musste meine Mutter sie zum Schweigen bringen, indem sie ihr eine Serviette in den Mund stopfte. Nur von Samuel Barcas redete Victoria nicht, und wenn sie jemand auf ihn ansprach, lachte sie nur und sagte: »Der bildet sich ein, er sei dabei, ein Gespenst zu werden, aber er hat nicht das Zeug dazu. Er ist ein Nichts, das Kriminalromane liest.« Mehr brachten wir nicht aus ihr heraus, nicht einmal mein Onkel, dem sie ihre Einfälle und Erfindungen anvertraute. Wir wussten, dass sich die beiden auf ihren Spaziergängen durchs Viertel Sachen erzählten, die sie in Büchern gelesen hatten und in Lügengeschichten verwandelten, um sich gegenseitig zum Staunen zu bringen. Sie glaubten alles, was sie hörten, das machte ihre Blutsverwandtschaft.

13

Eine der Töchter der Witwe, der die Buchhandlung gehörte, die Sommersprossige mit den Veilchenaugen, landete in den Armen meines Onkels. Die Affäre kam im September auf, wenige Tage vor Rosch ha Schana, und bedeutete einen Skandal von wahrhaft syrischen Ausmaßen, mit viel Geschrei und Gezeter, Schlägen gegen den Kopf von eigener Hand und einem in Begleitung von Schwindelanfällen und Erbrechen langsam sich wölbenden Bauch. Wenn man den Erwachsenen Glauben schenken durfte, dann war diese Schwangerschaft nur mit der Pest von London vergleichbar. Die Witwe raste vor Wut und verlangte den sofortigen Tod des Mädchenschänders – also meines Onkels Chaim –, der sich seit einer nicht bekannten Zahl von Tagen des Beischlafs mit ihrer Tochter schuldig gemacht und dieser ein Wesen von seinem Fleisch und Blut eingepflanzt habe. Als unsere Familie davon erfuhr (es war an einem Morgen, als wir gerade zur Schule gehen wollten), fluchte meine Mutter und raufte sich die Haare. Wir hatten sie nie zuvor in einem solchen Zustand gesehen. Sie lief in das Zimmer ihres Bruders, riss den Schrank auf, fegte den Inhalt auf den

Boden, bückte sich und schleuderte Chaims Hemden, Hosen, Schuhe und Strümpfe gegen die Wand, auch zwei Bücher, die eigentlich Victoria gehörten und die er mit so vielen Randbemerkungen versehen hatte, dass etwas ganz anderes daraus geworden war. Die Bücher gingen fast kaputt, weil meine Mutter wie ein Taifun wütete, ein Taifun im Bund mit dem Dämon und dessen Gefolge. Mit Zoilas Hilfe stopfte sie alles, was Onkel Chaim gehörte, in seinen Koffer aus Segeltuch und warf diesen vor die Tür. »Der Kerl kommt mir nie wieder ins Haus!« brüllte sie, während wir unschlüssig dastanden und nicht wussten, ob wir nun zur Schule gehen sollten oder nicht. Aber wir mussten, auch wenn wir nicht wollten, denn wir hätten gerne miterlebt, was mit Onkel Chaim geschehen würde, ob er sich wirklich in kochendem Wasser auflösen oder in ein Stück Kohle verwandeln würde, wie es ihm unsere tobende Mutter angedroht hatte.

Um sieben Uhr abends jedoch, wir hatten den Tag in banger Erwartung verbracht, kam mein Onkel pfeifend und mit ein paar Einkaufstüten auf dem Arm zur Tür herein. Er lud die Tüten in der Küche ab, ging in sein Zimmer und streckte sich auf dem Bett aus. Komisch, dass er seinen Koffer vor der Tür nicht gesehen hatte, wo er doch sonst immer alles sah, wie eine Eule, aber dieses Mal musste er blind gewesen sein, genau gesagt, er hatte einen großen Schritt über seinen Koffer hinweg gemacht, der eigentlich gar kein Koffer war, sondern eine Reisetasche, so eine wie die von Hercule Poirot. Die kannten wir, weil wir viele Romane von Agatha Christie gelesen hatten, denn eine der Möglichkeiten, nach Jerusalem zu gelangen, bestand darin, den Orientexpress zu nehmen, einen langen Zug mit Luxuswagen, der eine kleine Welt für sich war, mit Leuten und Speisen von überall her. Poirot war uns also vertraut, er war genau wie Onkel Chaim, nur dicker. Chaim, der in diesem Moment auf seinem Bett lag und den Zigarettenrauch zur Decke blies, während meine Mutter, reglos wie eine ägyptische Schlange, vor ihm stand und ihn mit blutunterlaufenen Augen anstarrte; meinen Vater hatte sie zur Unterstützung mitgebracht. Um uns die Auseinandersetzung zu ersparen, die gewalttätig zu werden versprach, hatten uns die Eltern in den Garten hinter dem Haus geschickt. Dort behielt uns Zoila im Auge, während sie sich eine Zigarette nach der anderen, ja, an der anderen ansteckte. Zoila rauchte nur schwarzen Tabak und roch nach Schmierseife.

Wir konnten nicht hören, was im Haus vor sich ging, denn der Garten lag ein ganzes Stück weit weg, und außerdem schnatterten und gackerten wir durcheinander wie hungrige Hühner (die größeren von uns, denn meine kleinen Geschwister kreischten nur und lagen sich in den Haaren). Zoila fauchte uns an, wir sollten still sein, denn sie hatte die Ohren gespitzt, um herauszufinden, ob die Drohungen, die meine Mutter am Tag ausgestoßen hatte, ganz oder in abgemilderter Form in die Tat umgesetzt wurden; es ist ja bekannt, dass wir Juden ein aufbrausendes Temperament haben, unsere Wutausbrüche und Verrücktheiten aber auch zu mäßigen wissen. Das ist von Mosche Rabbenu, unserem Meister Moses, auf uns gekommen.

Jedenfalls mussten wir fast eine Stunde warten, und in dieser Zeit rupften meine kleinen Geschwister Blumen aus, bewarfen einander mit Dreck und kauten Blätter, bei denen wir Größeren uns nicht einigen konnten, ob sie giftig waren oder nicht. Als meine Mutter sich endlich blicken ließ, mit einem Lächeln und sich die Schürze glatt streichend, als sei sie eben mit dem Bohnenschälen fertig geworden, da wussten wir, dass der Sturm sich gelegt hatte. »Wahrscheinlich hat er ihr wieder Honig um den Mund geschmiert«, sagte Victoria, was wir ziemlich unverschämt fanden, weil sie sonst immer auf Chaims Seite gestanden hatte und deshalb nicht das Recht hatte, sich zynisch über ihn zu äußern. »Euer Onkel wird heiraten«, sagte meine Mutter, und sofort fing meine Schwester Marta an zu weinen. Sie wurde von der ganzen Familie verhätschelt, und deshalb ging ihr alles gleich zu Herzen, so wie Clara, die zwar noch nicht sprechen konnte, aber wegen jeder Kleinigkeit heulte. Mein Vater, den die Brotfabrikmaschine mehr beschäftigte als die Sache zwischen Chaim und der Tochter der Witwe, sagte bloß, wir sollten uns die Hände und das Gesicht waschen.

An diesem Tag gab es zum Nachtisch Bratäpfel mit Honig. Während des Abendessens wanderten die Blicke meiner Mutter immer wieder zwischen meinem Vater und meinem Onkel hin und her. Chaim aß schweigend seinen Apfel, was uns seltsam vorkam, weil er doch sonst nicht an sich halten konnte. Wie meine Mutter so verstohlen von einem zum andern schaute, glitt die Last der Jahre von ihr ab, und sie sah aus wie eines dieser hübschen jungen Mädchen auf dem Kalender in der Küche. Nach dem Essen mussten wir gleich ins Bett, ohne Radio hören zu dürfen. Das war eine widersprüchliche, ja gefährliche Anordnung meiner Eltern, denn sonst hieß es immer, schlafen mit vollem Bauch sei ungesund. Aber die Nacht verging ohne Störung, und wir träumten auch nichts, das erinnert zu werden verdient.

14

Von Herrn Sudit begleitet, machten sich meine Eltern auf zum Haus der Witwe, der die Buchhandlung gehörte, wo sie um die Hand von Rivka anhalten wollten – so hieß die Frau, der Onkel Chaim den Hof gemacht hatte, und mehr als den Hof. Drei Schritte hinter ihnen ich mit dem Onkel, der in einem weißen Anzug steckte und einen breitkrempigen Hut aufhatte. Die rote Nelke im Knopfloch passte zu seiner Krawatte und auch zu dem Kleid, das meine Mutter trug und das sie nur an Festtagen aus dem Schrank holte.

Die Witwe, deren Gesicht bis zu den Ohren kalkweiß gepudert war (mit Ausnahme der Wangen, auf die sie grelles Orange gelegt hatte), führte uns ins Wohnzimmer, in dem es nach Linoleum und Katzenpisse roch. Es war ein großer Raum mit schweren Samtvorhängen, die Wände voller Wandteller aus dem Lande Israel, voller Bilder, auf denen fremdartige Städte zu sehen waren, und Fotografien von Männern mit schwarzen Hüten und langen Bärten. Vorsichtig setzten wir uns, um nicht eine der unzähligen Porzellanfiguren umzustoßen, die überall herumstanden – ein Labyrinth aus Rehen und Elfen, die hingebungsvoll einem unhörbaren Geigenspiel zu lauschen schienen.

Die Witwe trug schwarze Handschuhe und ein zerknittertes Kostüm, das die Falten an ihrem Hals freilegte, und hielt die ganze Zeit ein kleines Gebetbuch umklammert, dessen Deckel aus Blech waren. Während mein Vater sprach, machte sie ein Gesicht, als hätte sie eine übernatürliche Erscheinung oder würde gerade im Meer ertrinken. Sie nickte ständig mit dem Kopf und wippte dabei mit dem rechten Fuß. Wir starrten wie gebannt abwechselnd auf ihren Kopf und auf die Schuhspitze, zwei Pole, zwischen denen offenbar ein unsichtbarer Faden gespannt war, der beider Bewegungen koordinierte. Eine simple, aber effektive Mechanik, ganz im Sinne meines Vaters, der das Problem seiner Brotfabrikmaschine lösen wollte und deshalb jede Kleinigkeit des täglichen Lebens unter den Gesichtspunkten der Funktionalität, der Hydraulik oder des Materialverschleißes betrachtete.

Während der ganzen Zusammenkunft sagte die Frau nicht ein einziges Wort, sie schnaubte nur manchmal und presste ihre karminrot angemalten Lippen aufeinander. Solche dunklen Lippen kannten wir von unseren Sammelbildern, auf denen Beduinenfrauen zu sehen waren, geheimnisvolle Gestalten mit stolzen Gesichtern. Es war offensichtlich, dass ihre Toten in die Witwe eingedrungen waren, so wie es am Tag des

Jüngsten Gerichts geschehen wird, wenn die Schlacht von Armaggedon geschlagen ist und wir alle unsere Vorfahren in uns tragen, um entweder den Weg zur Rechten oder den zur Linken einzuschlagen. Und diese Toten, die in der Frau wohnten, starrten uns an und nahmen jede Stelle unserer Körper und unserer Kleidung unter die Lupe, mit verweinten, unbewegten, kalten Augen, wie sie die Statuen auf den christlichen Friedhöfen haben. In den Enzyklopädien hatten wir viele solcher Marmorstatuen gesehen, und die Witwe sah genauso aus, bloß dass ihr die Flügel fehlten.

Als der Hochzeitstermin genannt wurde, gleich nach den hohen Feiertagen, stimmte die Frau dem Pakt zu und führte das Buch an ihren Mund. Wahrscheinlich flüsterte sie ein Gebet, aber es war auch denkbar, dass sie uns verfluchte. Wir waren allerdings gegen Verwünschungen gefeit, denn jeder von uns hielt die Finger gekreuzt und trug außerdem ein Amulett um den Hals, eine kleine Hand aus Metall mit einem Auge in der Mitte, angefertigt in Jerusalem. Diese Vorsichtsmaßnahme hatte Herr Sudit getroffen, der verstockten Witwen grundsätzlich nicht über den Weg traute. Er war es auch, der den größten Teil der Konversation bestritt. Er sprach langsam, damit wir ihn alle verstehen konnten, auch wenn wir ihn letztlich doch nicht verstanden, weil er fast nur jiddisch redete, und so oblag es meinem Vater, seine Sätze mehr schlecht als recht für uns zu übersetzen.

Es war ein schleppend langsamer, trockener Monolog, den Herr Sudit da hielt, und wir hatten den Eindruck, dass es ihm weniger darum ging, der Witwe etwas mitzuteilen, als ihr den Teufel auszutreiben, denn die Frau jagte uns allen Angst ein, noch dazu in dem schummrigen gelblichen Licht, in dem wir saßen. Aber irgendwie besiegten wir unsere Angst, und am Ende langten wir nach den Keksen und tranken den Tee aus der Kanne, die uns die andere Tochter gebracht hatte, eine Frau, die nicht weniger wortkarg und streng war als die Witwe, aber im Gegensatz zu ihr lange weiße Zähne hatte. Diese Frau verschwand so plötzlich, wie sie aufgetaucht war, aber ich hatte bemerkt, dass mein Onkel in ihrer Gegenwart blaß geworden war. Natürlich konnte ich mich getäuscht haben, denn die Lampen flackerten manchmal, sodass die Farben im Raum von Gelb zu Grün wechselten und die Gesichter ihr Aussehen änderten.

An jenem Abend, an dem wir um Rivkas Hand anhielten, kam es zu keinem förmlichen Verlöbnis, aber es wurde eine Ehre gerettet, ohne dass wir das Thema berühren mussten gegenüber dieser Frau, die aussah wie eine nicht begrabene Tote.

15

In Wirklichkeit war Rivka weder eine Furie noch eine Vogelscheuche, wie wir geglaubt hatten und wie sie in der Buchhandlung an der Seite ihrer Schwester Mindele auf uns wirkte. Es stimmt zwar, sie war dürr und voller Sommersprossen, aber sie hatte schöne Augen und ein Lachen, das uns bezauberte. Auch war sie gebildet und drückte sich gewählt aus und machte nicht den Eindruck, als sei sie nur auf Geld aus, was Chaim behauptet hatte, als er die Stelle bei der Witwe antrat. Das Bild, das wir uns von den Frauen in der Buchhandlung gemacht hatten, war dem Mund meines Onkels entsprungen, und so hatte sich in unseren Köpfen die Idee festgesetzt, dass er in einer Art Folterkammer arbeitete, wo er polnischen Teufeln und Gespenstern ausgesetzt war, die ihn manchmal als tollwütige Hunde, dann wieder in Gestalt von Vampiren anfielen. Aber was er uns da erzählte, war nicht wörtlich zu nehmen, denn er hatte die Buchhandlung längst zum Schauplatz einer seiner abenteuerlichen Reisen gemacht, auf denen unglaubliche Dinge geschahen, zum Beispiel, dass er ein Auge einbüßte oder mit aufgeschlitzten Ohren gerade noch davonkam. Mein Onkel schuf die Realität mit seiner Fantasie. Er ist der Held, den die Familie braucht, damit sie ein Gesprächsthema hat, sagte mein Vater einmal.

Da sie jetzt verlobt war und fast schon zur Familie gehörte, kam Rivka oft zu uns und erkundigte sich bei meiner Mutter nach den Lieblingsgerichten meines Onkels und wie man seine Sachen bügelte. Sie fragte auch, ob er wirklich in all den seltsamen Ländern gewesen war, von denen er dauernd sprach, und ob es diese unübersetzbaren Sprachen gab, in denen er die großen Rabbiner von Kiew und New York zitierte, die tanzenden Derwische von Marrav, die Bischöfe aus der Zeit des Römischen Reichs und die Engel Babylons. Victoria, die sich aufgrund einer verborgenen Ausstrahlung zu Rivka hingezogen fühlte, seit diese zum ersten Mal in unser Haus gekommen war, antwortete für meine Mutter oder kommentierte deren Antworten. Wie Chaim hatte sie eine rege Fantasie und verschlang alle Bücher exzentrischen Inhalts, die bei uns und in der Bücherei des Viertels zu finden waren. Victoria war in der Welt des Unwahrscheinlichen und Unmöglichen daheim.

Wie alle, die zu uns ins Haus kamen, begann sich auch Rivka für die Brotfabrikmaschine zu interessieren und sah in ihr, in ihrer wirtschaftlichen Ausbeutung, die Möglichkeit, dass uns das kommende Jahr in Jerusalem sehen würde. Die Erfindung meines Vaters war das einzig Ungewöhnliche, das wir unseren Gästen zeigen konnten. Und da wir nicht müde wurden, ihre Vorzüge in höchsten Tönen zu loben, waren unsere Besucher jedesmal schwer beeindruckt, ja sogar neidisch, denn sie konnten nicht begreifen, dass eine Fehlkonstruktion, die in jeder anderen Familie für Verdruss und Spott gesorgt hätte und in die Ecke gestellt und mit Schweigen übergangen worden wäre, bei uns ein Anlass ständiger Freude war und für endlosen Gesprächsstoff sorgte. Auch Rivka erlag ihrer Faszination, ebenso die Witwe, die die Erfindung wortlos besichtigte. Sie hörte sich alle Erklärungen an, berührte die Maschine mit ihren Fingerspitzen und nickte. Wir wussten nicht, was ihr Nicken zu bedeuten hatte: dass sie in die Maschine investieren wollte oder dass sie sich selbst bestätigte, mein Vater sei verrückt.

Natürlich hatte sie uns nicht nur deshalb besucht, weil sie auf diesen grün-orange gestrichenen machtlosen Götzen aus Alteisen neugierig war, sondern weil sie sehen wollte, wie wir lebten. Meiner Mutter und Zoila blieb diese Absicht nicht verborgen, denn die Witwe streifte durchs ganze Haus, betrachtete die Bilder an den Wänden, inspizierte den Gläserschrank, prüfte, ob ordentlich gewischt war, und drang sogar bis in die Küche und die Speisekammer vor. Bei dieser strengen Kontrolle vermochte nichts sie aufzuhalten, keine Wand, keine Tür, kein Fenster. Sie benahm sich, als wolle sie uns alle kaufen und als sei es dazu unabdingbar, nicht nur unsere Zähne zu untersuchen, sondern auch den Zustand der Teller, von denen wir aßen. Das war jedenfalls der Eindruck, den wir hatten; möglich ist freilich auch, dass die Witwe zu uns gekommen war, weil sie unser Meer befahren wollte, und dass ihr das Schiff, die Ladung und die Route gleichgültig waren. Sie war eine sonderbare Frau, von der nur bekannt war, dass sie aus einer Familie gelehrter Rabbiner stammte und in großen, prächtigen Häusern aufgewachsen war, dass sie in Wien geheiratet hatte und dass ihr Mann an Angina pectoris gestorben war. Das wurde gesagt, aber es gab nichts Greifbares. Nur die Buchhandlung und die Töchter. Und das mit Porzellanfiguren vollgestellte Haus, das wir von innen gesehen hatten, als wir um Rivkas Hand anhielten.

16

Es geschah beim Kol Nidre in diesem Jahr, dem Gebet, das mein Vater nie ausließ. Alle anderen Riten befolgte er nur sehr lasch (ausgenommen das Pessachfest, an dem wir gelobten, nach Jerusalem zu fahren) oder vergaß sie einfach, weil er in seine technischen Entwürfe versunken war. Meine Mutter gab nicht viel auf religiöse Bräuche und ging nur in die Synagoge, wenn mein Vater ging. Bei uns Kindern war es ähnlich, wir waren ja auf sie angewiesen oder auf Herrn Sudit, der gläubig war und uns oft mitnahm, damit wir lernten, was die Feiertage bedeuteten. Das musste man gesehen haben, wie wir, die sechs Älteren, im Gänsemarsch hinter ihm her marschierten, während er in seinem Kauderwelsch Anordnungen gab. In der Synagoge hieß er uns in der Reihe vor sich Platz zu nehmen, warf sich den Tallit über und begann zu beten, wobei er sich vor und zurückneigte und uns jedesmal eine Kopfnuss gab, wenn wir zu laut miteinander redeten oder uns gar stritten. Von hinten kamen die Kopfnüsse und von vorn durchbohrte uns der Rabbiner mit einem strafenden Blick aus seinen schwarzen Rabenaugen unter den gewaltigen Brauen, die wie zwei verkohlte Würste aussahen. Die alten Juden drehten sich nach uns um und fragten flüsternd (aber so, dass es jeder hören konnte), wo denn die Eltern dieser armen Kinder seien. Sudit und die Ketzerbande, so waren wir in der Synagoge bekannt.

Beim Kol Nidre in diesem Jahr, als mein Vater mit G-tt in Verbindung trat, damit er ihn ins Buch des Lebens eintrage, machte sich Barcas an ihn heran und hielt ihm mit einem breiten Lächeln einen Umschlag unter die Nase. »Ein Brief aus Frankreich«, sagte er. »Eine Firma ist an der Maschine interessiert. Wir müssen sofort den Bauplan schicken.« Dieses »Wir müssen« gefiel meinem Vater, es klang, als sei Barcas schon sein Sozius. Doch er hob abwehrend eine Hand und gab Barcas zu verstehen, dass er den Brief später lesen werde, denn er sei gerade dabei, den Bund mit G-tt zu besiegeln, und dabei dürfe ihn keiner stören, nicht einmal die Franzosen. Barcas schrumpfte zusammen wie eine Gurke in Zuckerwasser. Mein Vater flößte jedermann Respekt ein, wenn er das Kol Nidre sprach, sehr langsam, um jedes Wort genau zu treffen, nachdem er es in seinem Herzen geformt hatte: Er sprach es wie ein König, und nicht einmal der Rabbiner wagte da zu denken, dass er einen Ketzer oder einen reuigen Sünder vor sich hatte. Nein, in diesen Augenblicken war mein Vater ein Jude, der mit dem Herrn des Universums einen Pakt schloss, auf dass dieser ihm für ein Jahr das Leben schenke, das er für seine Familie und seine Erfindungen brauchte. Und wenn er es dieses Jahr bekäme, dann würde er auch die Reise nach Jerusalem machen, im Frühling, gleich nach den ersten Regenfällen.

Mein Vater hat immer geglaubt, dass G-tt einem das Werkzeug gibt, das Wunder aber muss man selbst vollbringen. Deshalb spottete er über alle, die G-tt mit Kerzenopfern oder langem Beten zu bestechen versuchten. G-tt ist in uns und weiß, was da vor sich geht. Er schenkt uns das Leben – was wir daraus machen, ist unsere Sache. So sprach mein Vater, und Herr Sudit zog eine Braue hoch, sagte aber kein Wort. Wie sollte er auch mit einem Mann diskutieren, der auf alles die Gesetze der Mechanik anwandte, der im Himmel ein riesiges Räderwerk sah, in dem man sich bewegen konnte, wenn man die nötigen Schrauben und Muttern zur Hand hatte, das richtige Werkzeug und Ideen. Mein Vater war beim Kol Nidre von G-tt erfüllt, deshalb schleuderte er Barcas und seinen Wisch mit einem einzigen Blick von sich weg, und deshalb waren die Franzosen oder Engländer jetzt Luft für ihn, denn in diesem Augenblick ging es um das Leben. Wenn mein Vater das Kol Nidre betete, fand er vom Irrtum zur Wahrheit, er versenkte sich in seine Fehler und schrubbte sie klar, um zu erkennen, was geschehen war und worin seine Blindheit bestanden hatte. Und da verwandelten sich die Buchstaben des Gebetbuchs in neue Zeichen und Zahlen, in ein gedankliches Spiel, in dem er sich im Einklang fühlte mit dem unermesslichen Mechanismus des Universums, der sich einem auftat, wenn man nur die nötige Geduld aufbrachte. Mein Vater war ein Kind von Maimonides und Spinoza, so sah es der Rabbiner und wandte seinen Blick von ihm. Auch Herr Sudit ging seine eigenen Wege, betete aber für ihn.

Am Tag darauf ließ sich mein Vater nicht blicken; das war seine Art, den Jom Kippur zu begehen. Wir wussten, dass er irgendwo in der Stadt herumlief und die Blätter an den Bäumen betrachtete und den Flug der Vögel verfolgte, dass er Straßen und Häuser, Brücken und Gesichter neu entwarf und sich schließlich auf eine Parkbank setzte und ein Mathematikbuch hervorholte oder einen Roman. Weit weg von allen, um bei niemandem anzuecken.

17

Am Abend des Versöhnungstages, als wir schon gegessen hatten, erschien Barcas bei uns. Er kam ohne seinen Sohn Samuel, dem meine Schwester Victoria ein Abführmittel, eine Brühe aus Linsen und Zwiebeln, eingeflößt hatte. Sie wollte ihm damit den Teufel austreiben, nach einem mittelalterlichen Rezept, und Samuel stöhnte und spuckte sogar Blut und weigerte sich, meine Schwester je wieder zu sehen.

Barcas setzte sich zu uns an den Tisch, ohne sich erst bitten zu lassen (als angehender Sozius meines Vaters fühlte er sich wohl dazu berechtigt), rutschte ungeduldig auf seinem Stuhl hin und her, zog wieder den Brief aus der Innentasche seiner Jacke und las ihn vor, mit lauter Stimme, damit es alle hören konnten, und mit einem Gesicht, das vom Widerschein des Berges Sinai zu strahlen schien. In dem Brief wurde mein Vater ersucht, die Konstruktionspläne der Brotfabrikmaschine einzuschicken, damit man prüfen könne, ob eine Serienproduktion der Erfindung in Betracht zu ziehen sei. Barcas betonte das Wort Serienproduktion, denn in diesen sechs Silben verbargen sich das Glück, ein wachsender Geldsegen, der Ruhm unseres Namens und die Anerkennung, die uns aus Wissenschaft und Wirtschaft zuströmen würde. Barcas lächelte, griff nach einem Glas Wein, sagte, er wolle auf diese großartige Nachricht anstoßen, und trank den Wein in einen Zug aus. Er wunderte sich etwas, als er merkte, dass keiner seine Begeisterung teilte. Mein Vater hatte uns schon erzählt, dass Barcas mitten im Kol Nidre mit einem Brief gewedelt hatte. Kein Wort der Kritik, aber wir verstanden, was er damit sagen wollte. Doch Barcas fuhr unbeirrt fort. Er sagte, besser als mit diesem Brief hätte das neue Jahr gar nicht beginnen können, die Engel seien auf unserer Seite, und die Sterne würden ab jetzt für uns funkeln. Der Geruch des Geldes und die Aussicht auf geschäftliche Termine in eleganten Büros entlockten dem Ersatzteilhändler lyrische Töne.

Mein Vater nahm den Brief, den Barcas vor sich auf den Tisch gelegt hatte, las ihn selbst noch einmal und schaute meine Mutter an, die starr dasaß; die Gabel (mit einem Stück Fisch) war ihr auf halber Strecke zwischen Teller und Mund stehen geblieben. »Und wer garantiert mir, dass sie die Pläne nicht kopieren?« fragte mein Vater, und wir konnten ihm nur beipflichten. Barcas reckte hochmütig den Kopf und erwiderte langsam und pikiert: »Meine Geschäftspartner sind seriös, mein Herr, und über jeden Verdacht erhaben, Ihr Argwohn beleidigt mich.« Da meldete sich Chaim zu Wort: »Unser Argwohn gilt nicht Ihnen, wir kennen Sie und wissen, wo Sie zu finden sind. Aber kennen wir die Herzen derer, die die Pläne in Frankreich oder England prüfen werden? Bedenken Sie doch, das sind Herzen, die die Welt anders sehen. Außerdem haben sie gerade einen Krieg hinter sich und sind finanziell ausgeblutet. Was können wir von denen denn erwarten.« Barcas merkte nicht, dass meine Mutter die Hand mit der Gabel sinken ließ, und legte den rechten Zeigefinger ans Kinn. »Ihr lebt hier immer noch wie im Ghetto und habt nicht mitbekommen, dass sich die Welt geändert hat. Wir können die Pläne ja von einem Notar beglaubigen lassen, dann ist klar, dass es unsere sind« – Barcas sprach wieder als Sozius – »und wenn ihr unbedingt wollt, holen wir uns obendrein noch einen Stempel auf dem Konsulat.« Er führte diese Überlegungen nicht weiter, sondern schloss mit den Worten, wir sollten uns die Sache gut überlegen, das sei die Chance unseres Lebens. Dann stand er auf, wünschte uns »Chatima tova!« und ging.

Nachdem die Tür hinter Barcas ins Schloss gefallen war, lächelte mein Vater und hob triumphierend einen Arm. »Schicken wir ihnen ruhig unsere Pläne, ich werde schon dafür sorgen, dass sie nichts damit anfangen können«, sagte er, und die Gabel in der Hand meiner Mutter ging wieder in die Höhe (diesmal mit einer gekochten Kartoffel). Neben meiner Mutter saß die kleine Clara und versuchte, sich eine Essiggurke ins Ohr zu stecken.

Meine Schwester Victoria, die zum Unglück der Familie Barcas einiges beigetragen hatte und nur dank der Brotfabrikmaschine ungeschoren geblieben war, sagte, das sei das richtige Signal (denen in Europa die Pläne zu schicken), überhaupt lasse sich dieses jüdische Jahr viel besser an als die Jahre zuvor, und wir könnten eigentlich schon die Koffer für die Reise nach Jerusalem packen. Onkel Chaim, der sich seit der Ankündigung seiner Hochzeit ziemlich verändert hatte (er war nüchtern und ernst geworden), trommelte mit den Fingern auf der Tischplatte und stocherte zwischen seinen Zähnen herum, mit einem goldenen Zahnstocher, den ihm seine Braut geschenkt hatte, ohne dass es die Witwe erfahren durfte. Wir suchten die Wörter in seinem Mund, sahen aber nur die Zähne, die Lippen und einen zwei Tage alten Bart, der seine Augen kleiner machte. Nur Herr Sudit strengte sich an, einen Satz herauszubringen, und nach einigen Anläufen gelang er ihm auch: »Was dir gehört, gehört dir, daran kann keiner rütteln.« Meine Mutter blinzelte zustimmend, dann aß sie ihren Teller leer, wischte meiner Schwester Miriam den Mund ab und sah meinen Onkel an. Chaim zwinkerte ihr zu.

18

Bei der Hochzeit von Chaim und Rivka weinte die ganze Familie. Es war eine erhabene, prächtige Zeremonie, für die meine Mutter ihr ganzes künstlerisches Talent aufgeboten hatte, um die Synagoge und das Haus der Braut zu schmücken. Die Witwe bereute nicht, so viel Geld ausgegeben zu haben, denn alle Gäste drängten zu ihr, um sie zu beglückwünschen und ihr einen oder zwei Küsse auf die bläulich-rosafarbenen Wangen zu drücken, die ihr die Aura einer Fürstin aus den Karpaten verliehen. Mit feierlicher Miene schritt sie umher und überzeugte sich, dass es den Eingeladenen an nichts fehlte. Hingegen rührten sich meine Großmutter und die Schwestern meiner Mutter nicht von der Stelle. Sie waren zwei Tage vor dem Hochzeitstermin bei uns eingetroffen, mit einem ungläubigen Gesichtsausdruck, weil sie es nicht fassen konnten, dass Chaim heiraten sollte. Während des Festes nahmen sie die Ehrenplätze ein; erstens, weil sie Chaims und unsere Blutsverwandten waren, und zweitens, weil sie aus einem weit entfernten Land kamen, aus Spanien. Meine Großmutter hatte zu diesem Anlass zum ersten Mal in ihrem Leben ein Flugzeug bestiegen.

Am meisten aber beeindruckte uns, dass die Großmutter und die Tanten schon zwei Mal in Jerusalem gewesen waren und sich mit der Absicht trugen, noch einmal hinzufahren, während wir es immer noch nicht geschafft hatten.

Natürlich erzählten wir ihnen von der Brotfabrikmaschine, die mein Vater erfunden hatte, doch die Großmutter nahm das mit einem verächtlichen Schürzen der Lippen zur Kenntnis. Meine Tanten beeilten sich, ihre Reaktion als unterdrücktes Rülpsen auszugeben, indem sie auf das Sodbrennen dieser Frau verwiesen, die gebieterisch vor uns saß, die Elfenbeinbrosche auf ihrer Brust mit der Inschrift Chaj, Leben, umfasst hielt und uns zählte. Meine Großmutter seufzte und sagte, kein Wunder, dass wir arm seien: so viele Münder, die gestopft, so viele Körper, die bekleidet werden mussten, die Medizin und Impfungen brauchten. Das viele Schulgeld. Und das Familienoberhaupt weiß nichts besseres zu tun, als sich Erfindungen auszudenken!

Meine Großmutter thronte, von meinen Tanten flankiert, am Ehrentisch und hielt Hof. Die anderen Gäste mussten sich an ihren Tisch bemühen, um sie zu begrüßen. Wenn sie, mal huldvoll, mal abweisend, ihre Hand hob, sah man an jedem Finger einen Ring funkeln. Sie roch nach mehreren Parfums gleichzeitig, hatte eine randlose Brille auf und gab Befehle. Ganz anders meine Tante Lia, die Schwester meines Vaters, die sich wie ein übermütiges Mädchen im heiratsfähigen Alter aufführte und als einzige die Witwe zum Lachen brachte. Auch die anderen Gäste amüsierten sich über sie. Sie erzählte lustige Geschichten, tanzte auf alle möglichen Arten, imitierte Juden aus aller Herren Länder und hüpfte sogar aufs Podium und sang die Lieder mit, die die Musiker spielten. Von meiner Großmutter erntete sie dafür einen vernichtenden Blick. Ein verrücktes Huhn, meine Tante Lia. Wir sahen sie nur selten, aber jedesmal, wenn wir sie sahen, passierte etwas Unvergessliches. Sie kam uns besuchen, aber wir durften nicht zu ihr. Warum nicht, das war ein Geheimnis, über das nicht gesprochen wurde.

Zur Hochzeit von Chaim und Rivka waren Gäste aus der ganzen Weltgeschichte gekommen, sogar zwei Männer aus Israel, die wir der Reihe nach anstarrten, um sie in uns aufzunehmen. Zuerst starrte meine Schwester Marta sie an, dann Victoria, dann ich und so weiter, sogar Miriam, mit dem Schnuller im Mund, durfte mal. Wir prägten uns die Männer aus Israel so fest ein, bis wir sie praktisch auswendig kannten. Wir wussten nicht einmal, wie sie hießen, nur, dass sie mit der Schwiegermutter meines Onkels entfernt verwandt waren. Da waren auch zwei Rabbiner, Cousins der Witwe, und ein polnischer Zwerg, der ebenfalls irgendwie mit ihr verwandt war. Der Zwerg trug eine rote Samtjacke und hatte eine Geige dabei. Er tummelte sich auf dem ganzen Fest, und sobald er auf der Geige spielte, war uns, als hätten wir eine Katze im Blut. Das ist ein Talmudfiedler, sagte Victoria und tanzte in wilden Verrenkungen hinter ihm her, vor allem, als das Brautpaar auf zwei Schemel gestellt und durch den Saal getragen wurde. Als meine Großmutter Victoria so ausgelassen herumtollen sah, Pirouetten drehend wie ein Mädchen vom Zirkus, sagte sie, das sei ein Skandal, und befahl meiner Mutter, sie auszuschimpfen, denn wenn sie so weitermache, würde sie nie einen Mann finden. Bekanntlich müssen die Frauen rein wie Diamanten unter die Chuppa treten. Die Hochzeit endete nach Mittag, und zum Abschied umarmten wir Onkel Chaim und Tante Rivka, weinten dabei und wünschten ihnen »Masal tov!« und viele Kinder.

Von den Resten des Hochzeitsmahls zehrten wir noch drei Tage lang. Meine Mutter sammelte alles ein, sogar ein paar Blumensträuße, was die Witwe mit böser Miene zur Kenntnis nahm. Sie biss sich auf die Lippen und drehte sich weg, als sich meine Mutter von ihr verabschieden wollte. Meine Schwester Victoria und ich mussten die größten Schachteln tragen, die sich fettig und warm anfühlten und stark nach Knoblauch und Zwiebeln rochen. Die kleineren Geschwister kauten kandierte Apfelspalten, so wie meine Großmutter und meine Tanten, außer Tante Lia, die unbemerkt verschwunden war. Wir hatten sie noch mit meinem

Vater sprechen sehen, dann war sie plötzlich weg. Zum Schluss machte meine Großmutter die Rechnung: Wir Kinder hatten die ganze Zeit gegessen; uns zu erhalten, musste also ein Vermögen kosten.

19

Meine Grossmutter reiste ab, wie sie gekommen war: über alles meckernd und uns herumkommandierend. Während sie bei uns gewohnt hatte, vier Tage lang, war mein Vater fast nie aus seiner Werkstatt gekommen. Er hatte Angst vor dieser Frau, die ständig auf den Beinen war und im Haus herumschnüffelte. Wir hatten ihr unser bestes Zimmer überlassen, aber sie tat nichts, als nach Staubflocken zu suchen oder uns alle Nase lang zu rufen, um irgend ein Möbelstück von der Stelle zu rücken, wo es stand, weil es ihr im Weg war oder nicht zu den Bildern an der Wand passte. Und dauernd lag sie meiner Mutter in den Ohren, dass sie den falschen Mann geheiratet habe, denn wenn er einen Funken Verstand hätte, dann müssten wir nicht so leben, immer von der Hand in den Mund. Meiner Großmutter folgten die beiden Tanten auf dem Fuß, wie ein doppelter Schatten, der hinter ihr her lief und ihre Wörter auffing, ehe sie zu Boden fielen.

Dass meine Großmutter so ein Drachen war, war für uns keine Überraschung. Meine Mutter hatte uns darauf vorbereitet, dass jedes Wort, das sie sagte, wie ein Befehl klang, und wir sollten es ihr nicht übelnehmen, sie habe nun mal die Seele eines osmanischen Sultans, deshalb schleppe sie auch ihre Kissen und Parfums immer mit sich herum und meine beiden Tanten, die sich wie ihre Kammerzofen gebärdeten, ihr Erscheinen ankündigten, ihre Befehle wiederholten und darüber wachten, dass es ihr an nichts fehlte. Die Großmutter faszinierte uns, denn keiner von uns hatte je einen Menschen gekannt, der so war wie sie, nicht einmal Victoria, die doch dauernd Bücher las. Sie bei uns zu haben, war wie ein Roman, die Geschichte unserer Mutter in unser Haus verpflanzt, es fehlten nur noch fünf oder sechs Mohren, die mit Schellen und Saiteninstrumenten aufspielten. Und ein Palmenbogen, unter dem meine Großmutter mit ihrem Hofstaat Einzug hielt.

Aber trotz des harschen Tons, der ihr eigen war wie ihr Blut und ihre Knochen, war meine Großmutter gut zu uns, ja, sie lächelte sogar, wenn sie einen von uns zu sich gerufen hatte, und das tat sie oft, um sich nach der Schule zu erkundigen und den Büchern, die wir lasen, oder damit wir ihr unsere Hände zeigten und die Fingernägel, und damit wir sie anschauten, bis uns die Augen übergingen, denn wir sollten sie nie vergessen. Wie hätten wir diese Frau auch vergessen können, die breit wie ein Schrank war, das Haar zu einem Knoten gebunden hatte und die Finger voller Ringe, den Hals voller Ketten mit goldenen Anhängern, die an die Welt der Sefardim erinnerten, an die Städte, in denen sie sich nach dem Cherem niedergelassen hatten, an das Mittelmeer mit seinen vielen Buchten und Inseln und an die Geschichte, die wir unseren Kindern erzählen sollten. Unmöglich, diese Frau jemals abzuschütteln.

Am Tag vor ihrer Abreise versammelte sie uns um sich, nannte uns zärtlich »meine einzigen Enkelkinder« und schenkte jedem einen Zehn-Dollar-Schein. Meiner Mutter steckte sie sogar ein ganzes Bündel Geldscheine in die Schürzentasche, das mit einem Band umwickelt war. Dann ließ sie einen Fotografen holen, der ein Bild von uns machen sollte, mit ihr in der Mitte. »Ich will, dass ihr mich nie vergesst, Undankbarkeit ist eine Sünde, die G-tt nicht verzeiht«, sagte sie. Tags darauf brachten wir sie zum Flughafen. Es sah aus wie bei einer Prozession, nur die Fahne fehlte und einer, der die Trommel schlug. Neben meiner Großmutter stolzierte Herr Sudit, mit einem Ausdruck der Genugtuung, den wir bei ihm noch nie gesehen hatten. Wie bei der Hochzeit von Chaim und Rivka weinten alle beim Abschiednehmen, nur mein Vater nicht, der sich an der Zigarette die Finger verbrannte. Er war immer noch unruhig, obwohl er wusste, dass meine Großmutter wegfuhr. Auf dem Rückweg gab ihm meine Mutter einen Kuss und legte ihren Kopf auf seine Schulter. Wir wussten, dass sie an die Großmutter dachte und meinem Vater zeigen wollte, dass sie ihn sehr gern hatte, auch wenn er in den Wolken wandelte. An ihrer Seite Herr Sudit mit hochrotem Kopf (wegen der weiß getupften grünen Fliege, die ihm die Kehle zuschnürte) und einem stillen Lächeln auf den Lippen, das den ganzen Heimweg lang anhielt.

Noch eine Woche lang duftete das Haus nach meiner Großmutter und ihren Parfums, und ebenso lange brauchten wir, um uns an den Zehn-Dollar-Scheinen sattzusehen, die sie uns geschenkt hatte. Den von Miriam mussten wir verstecken, denn sie fing sofort an, daran zu lutschen, und davon bekommt man Mundfäule, sagte meine Mutter, die uns in der Zeit wie eine ältere Schwester erschien. Sie war glücklich und freute sich über die Teller aus Andalusien, die meine Großmutter ihr mitgebracht hatte. Es waren kleine, blau bemalte Teller, die auch meinem Vater gefielen und meine Schwester Victoria anspornten, die Geschichten von der Alhambra zu lesen, die sie uns weitererzählte. So erfuhren wir, dass es ein griesgrämiger, eigenbrötlerischer Jude aus dem Viertel Albaicín war, Juan el Yude, der die zwölf steinernen Löwen geschaffen hatte, die den Springbrunnen im Patio de Leones tragen. Dafür gibt es allerdings keine Belege, schrieb Reuvén Toledo in seinem nächsten Brief.

20

Mein Onkel Chaim zog zu Rivka, in die Wohnung über der Buchhandlung, die zwar nicht groß, aber sehr gemütlich war. Die Wohnung gehörte Rivka, so wie die Möbel und die ganze Einrichtung einschließlich eines Fernsehapparats. Hier konnten wir – die vier Älteren – endlich den »Unterwasser-Detektiv« sehen, eine Krimiserie, die in der Schule das Gesprächsthema Nummer eins war. Bevor Rivka den Apparat einschaltete, mussten wir ihr unsere Schulhefte zeigen und nachweisen, dass wir die Hausaufgaben gemacht hatten. Außer zum Fernsehen kamen wir zum Nahsehen: wie Rivkas Bauch immer dicker wurde. Victoria hatte ein Buch über den Verlauf der Schwangerschaft in die Hände bekommen und zeichnete in ihr Heft die verschiedenen Entwicklungsstufen des Fötus oder auch der Missgeburt, denn manchmal bringen die Frauen nicht Babys, sondern kleine Ungeheuer zur Welt, eine Enthüllung, die uns ziemlich erschreckte, denn das hatte es in unserer Familie noch nicht gegeben.

Wir besuchten Chaim auch deshalb gern in seinem neuen Zuhause, weil wir seine Faxen vorm Radioapparat vermissten und seine Geschichten von den Ländern, die es gar nicht gab, die er aber bereist hatte, bewaffnet nur mit einem Messer und einer mit Zimtwasser gefüllten Feldflasche. Das Zimtwasser, sagte er, habe ihm ein Araber ohne Augen empfohlen, der schon Schlangen auf jede Art gegessen hatte, gesotten, gebraten, und auch roh. Und weil er dazu immer Zimtwasser getrunken habe, sei er nie krank geworden. Mit Zimtwasser, versicherte Chaim, sei man gegen die Fährnisse der Wege gefeit, auf denen die Seelen der Sünder und die kleinen Teufel wandern, die in den Haaren der Frauen wohnen, die ihre Männer betrügen. Darüber hätten wir gern mehr erfahren, doch Rivka bestand darauf, dass Chaim das Thema wechselte. Natürlich wusste Victoria, wie man Ehemänner betrügt, und vertraute es uns an, nachdem wir ihr unser Ehrenwort gegeben hatten, es nicht weiterzusagen. Ein Versprechen, das keiner von uns je gebrochen hätte: zu groß war unsere Furcht vor dem, was unsere Schwester wusste und las.

Wir fühlten uns wohl in Rivkas Wohnung, denn durch die unverhangenen Fenster kam viel Licht. Hier konnte man frei atmen, anders als im Haus der Witwe. Rivka hatte mit der Tradition des Hauses, in dem sie aufgewachsen war – eines Hauses voller wuchtiger Möbel und zierlicher Porzellanfiguren, gelber Lichter und steifer Lampenschirme –, gebrochen und eine offene Atmosphäre geschaffen, in der sich keine bösen Geister einnisten konnten. Am besten gefielen uns die farbig getünchten Wände und die Bilder, auf denen Schiffe und Häfen zu sehen waren, Menschen aus dem Lande Israel und wunderliche Tiere, deren Namen darunter standen, allesamt Abbildungen aus mittelalterlichen Reisebüchern. Und in dieser Umgebung, in der sich besser fabulieren ließ als zu Hause und wo es nach Gewürzen roch, wuchs Rivkas Bauch unter Victorias wachsamem Blick. Eine Missgeburt könne man daran erkennen, hatte sie uns belehrt, dass das Ungeheuer plötzlich durch den Mund und die Ohren der Mutter zu schreien beginne.

Rivkas Wohnung lag zehn Straßen weit von unserem Haus entfernt, was den Vorteil hatte, dass wir an vielen Geschäften, an denen unser Weg vorbeiführte, Halt machen konnten: in den Delikatessenläden, in der Buchhandlung und an den Zeitungskiosken, wo wir in den Groschenromanen und Alben mit Sammelbildern blätterten. Meiner Mutter war es nicht recht, dass wir Geld für Bildchen von Tieren oder Landschaften ausgaben, doch mein Vater förderte unsere Sammelleidenschaft. Wie wir liebte er die Sammelbilder von fernen Ländern, nie gesehenen Pflanzen und seltsamen Lebewesen, und genauso gern schmökerte er in den illustrierten Heften mit Abenteuergeschichten. Er steckte uns jedesmal ein paar Münzen zu, damit wir uns welche kaufen konnten, vor allem am Kiosk von Farine, einem alten Juden, der sich mit Mauleseln und Religion auskannte, denn früher, so hatten wir zu Hause am Tisch gehört, habe er mit Mulis gehandelt und dann auf Sakralbedarf umgesattelt. Als sein Geschäft abbrannte, machte er den Kiosk auf, weniger zum Geldverdienen, als um einen Ort zu haben, wo er seine Freunde treffen konnte, um mit ihnen von den Städten zu reden, die sie kannten, und von den Gerichten, die ihre Mütter gekocht hatten, mit Gemüse und Gewürzen, die hierzulande schwer zu kriegen sind. In diesem Kiosk an der Ecke zur Straße, in der sich die Buchhandlung der Witwe befand, stand mein Vater in hohem Ansehen, und jedes Mal, wenn wir bei Farine etwas kauften, legte er ein Heft oder ein paar Sammelbilder gratis dazu. Manchmal gab er uns auch Zeitungen mit, für meinen Vater, in denen er etwas über neue Erfindungen gelesen hatte. Sein Kiosk roch nach starkem Kaffee und schwarzem Tabak.

21

Anfang Oktober dieses Jahres, in dem wir wieder nicht nach Jerusalem fahren konnten, schickte mein Vater die Konstruktionspläne seiner Brotfabrikmaschine nach Frankreich und England, und wir sahen den ersten Tarzan-Film. Was mein Vater in einem dicken Umschlag wegschickte, waren notariell beglaubigte Lichtpausen, deren Originale Barcas, der immer mehr wie eine Gestalt von einem Chagall-Gemälde aussah, zur Sicherheit bei einer Bank hinterlegt hatte. Rivka fiel als erster auf, dass der Mann uns nicht mehr in die Augen schauen konnte, und sagte es bei Tisch, bevor sie aufs Klo rannte, um sich zu übergeben. Sie hatte eine schwere Schwangerschaft. Doktor Schmulson – dessen medizinische Künste bei Chaim versagt hatten – kümmerte sich gewissenhaft um sie und führte in einem Heft sogar eine Art Tagebuch der Niederkunft, wofür ihn die Witwe extra bezahlte. Die Frau verfolgte jede Einzelheit der Schwangerschaft ihrer Tochter mit solcher Anteilnahme, dass Victoria den Gedanken nicht los wurde, es sei etwas nicht in Ordnung, und anfing, von Buhlteufeln zu erzählen, die einen im Schlaf heimsuchen, und Ungetümen, die nach der Geburt als erstes rotes Feuer speien. Meine Mutter drohte, ihr den Mund mit Seifenlauge zu spülen, wenn sie nicht endlich aufhöre mit ihren Schauergeschichten.

Den Tarzan-Film sahen wir in einer Nachmittagsvorstellung im Lichtspielhaus Lido, zusammen mit Onkel Chaim. Es war das erste Mal, dass wir im Kino waren, und wir waren schwer beeindruckt von den Tieren im Dschungel und von Tarzan, der über sie herrschte. Doch am besten gefiel mir die Frau, aber das sagte ich nicht; ich strengte mich im Gegenteil an, nicht mehr an sie zu denken, denn einige Jungen waren schon blind geworden oder an Tuberkulose erkrankt, weil sie zu viel an die Frauen dachten, die sie in den Illustrierten und in Filmen gesehen hatten. Das war in der Schule herumerzählt worden, und der sommersprossige Linsker hatte ganz rote Ohren bekommen. Er war nämlich einer von denen, die nichts als Frauen im Kopf hatten, außerdem betrieb er einen schwungvollen Handel mit den schmutzigen Schlüpfern seiner Schwestern, die in den oberen Klassen sehr begehrt waren. Ich wusste das, hatte aber keinen, mit dem ich darüber reden konnte, nicht einmal Onkel Chaim, der sich mit allen Geheimnissen der Welt auskannte, oder Victoria, die so etwas bestimmt schon in einem Buch gelesen hatte – oder in den Augen von Samuel Barcas. Ich hatte Angst, jemand könnte mir die Gedanken ansehen, die mich manchmal überfielen, wenn ich auf der Straße Frauen sah, vor allem solche, die mit dem Hintern wackelten und einen großen Busen hatten. Zu Hause erzählten wir von dem Tarzan-Film, und Rivka lobte uns, dass wir so gut aufgepasst hatten. Ich schielte auf ihre Beine: Die von Tarzans Frau waren schlanker.

22

Ende Oktober bekam mein Vater einen Wutanfall, und Barcas war wie vom Erdboden verschluckt, schlimmer noch: Es war, als habe es ihn überhaupt nie gegeben und als sei mein Vater einem Kobold aufgesessen. An einem der letzten Tage dieses Monats war es auch, dass Rivka eine Fehlgeburt hatte, angeblich weil sie die von Doktor Schmulson verordnete Bettruhe nicht eingehalten hatte. Meine Schwester Victoria weinte drei Tage lang, vor Schrecken und Schuldgefühl. Anscheinend hatte sie unter Rivkas Kissen magische Metallbuchstaben versteckt, die gegen den Teufel helfen sollten. Aber die Buchstaben taugten nicht, deshalb hatte die Frau meines Onkels eine Fehlgeburt. Erst nachdem meine Schwester sich meinem Vater anvertraut hatte, hörte sie auf mit dem Weinen.

Es kam nicht oft vor, dass mein Vater zornig wurde, aber wenn es geschah, dann raste er wie ein mit Weihwasser bespritzter Teufel durchs Haus. Es war das erste Mal in diesem Jahr, dass wir ihn fluchen hörten und sahen, wie er sich mit den Fäusten an den Kopf schlug. Beim geringsten Anlass fuhr er aus der Haut, und keiner konnte es ihm recht machen; er behauptete, wir würden das Geld zum Fenster rauswerfen, und fing an, Münzen in eine Sparbüchse zu stecken. Weil er wie eine brennende Lunte zischte, flüchteten wir uns mit Zoila in den Hof und später in die Zimmer im ersten Stock, um ihm nicht in die Quere zu kommen und um abzuwarten, wie sich die Wetterlage entwickelte. Marta, die von allen immer gehätschelte Marta, sagte, das Blut meines Vaters habe sich mit Sorgen und Schrecken vollgesogen, und schuld daran seien Onkel Chaim, Barcas, Rivka, meine Großmutter und die Fehlgeburt. Und die Pläne der Brotfabrikmaschine, die irgendwo unterwegs waren und vielleicht nie ankommen würden.

Während wir darauf warteten, dass sich mein Vater beruhigte, kam eine Spottdrossel in den Hof geflogen, und Joaquín, mein jüngster Bruder, nahm sie in die Hand, ohne dass sie sich wehrte. Wir holten den alten Käfig unter dem Waschbecken hervor und setzten den Vogel hinein. Da hörten wir meine Mutter plötzlich lachen, was bedeutete, dass der Wutanfall vorbei und mein Vater wieder der alte war. Deshalb nannten wir den Vogel Zornverflogen. Wenn mein Vater außer sich war, lachte meine Mutter nie; dann zog sich ihr Gesicht in die Länge wie Strudelteig. Das konnte mehrere Tage dauern, und in dieser Zeit war sie fast nur in der Küche anzutreffen und schimpfte uns wegen jeder Kleinigkeit aus. Sie kämpfte mit meinem Vater wie der Vogel Greif mit Odysseus. Aber wenn wieder Frieden einkehrte, lachte und sang sie, und da wußten wir, dass wir ab sofort wieder rumtoben durften. Oder unsere Nachbarn besuchen oder zu Rivka gehen, die sich seit der Fehlgeburt sehr verändert hatte.

Man hätte fast denken können, man sei im Haus der Witwe gelandet. Rivka ließ die Fensterläden zu und saß in einem grauen Kleid stumm auf einem Stuhl. Victoria sagte, das sei nach einer Fehlgeburt immer so. Sie sprach leise, als würde sie uns ein großes Geheimnis verraten, und wählte jedes Wort sorgfältig. Aber mitten im Satz brach sie ab, damit uns ja kein böser Blick treffe, der unsere Därme verknoten und unsere Zähne spitz machen würde, so spitz wie die der Haifische, mit denen sich der Unterwasser-Detektiv in jeder Folge herumschlug. Den bekamen wir leider nicht wieder zu sehen, weil Rivka die Mattscheibe des Fernsehers mit einer Decke verhängt und oben eine leere Blumenvase draufgestellt hatte. Wenn wir in jenen Tagen vor ihr standen, sie auf ihrem Stuhl, mit versteinertem Gesicht in die Ecke starrend, und wir mit unserer im Kiosk von Herrn Farine gekauften Tafel Schokolade in der Hand (genau gesagt, ich hatte sie in meiner Hand), da bekamen wir zum ersten Mal eine Ahnung davon, was es heißt, traurig zu sein. Rivka dankte uns mit einem kaum hörbaren Hauchen. Ihr Atem roch schlecht, süßlich und sauer zugleich, und ihre Hände waren kalt und fühlten sich an wie das Fleisch, das meine Mutter im Eisschrank aufbewahrte.

Victoria hielt sich hinter uns, sie vermied es, Rivka zu nahe zu kommen, weil sie sich immer noch schuldig fühlte, und erfand für sie Geschichten, die sie aber nie zu Ende brachte, weil die Frau uns mit einem trüben Blick bat, sie allein zu lassen. Diese Traurigkeit hatte auch auf meinen Onkel übergegriffen, der nur noch seinen schwarzen Anzug trug und ein weißes Hemd darunter, das bis zum Hals zugeknöpft war. Er sah aus wie ein orthodoxer Jude mit gestutztem Kopfhaar. Fehlte bloß noch das Köfferchen in seiner Hand.

23

Zornverflogen war ein komischer Vogel. Zoila sagte, wir sollten achtgeben, dass er uns kein Auge aushackte, und auch mit den Ohren sollten wir seinem Schnabel nicht zu nahe kommen. Einmal am Tag flatterte er aus dem Käfig, drehte im Hof ein paar Runden und flog in den Käfig zurück, ohne sich für die Freiheit zu interessieren, die ihm die Bäume und der Himmel verhießen. Mein Bruder Joaquín sagte, Zornverflogen habe uns als seine Familie adoptiert und werde den Hof nie verlassen. Wohin sollte er auch fliegen? Höchstens nach Jerusalem, zusammen mit uns. Wir redeten so viel von dem Vogel und wie wunderlich er war, dass meine Eltern kamen, um ihn sich anzuschauen. Auch Chaim und Rivka kamen. Und natürlich Herr Sudit, der ihm ein paar getrocknete Bananen mitbrachte und sich in seinem babylonischen Kauderwelsch mit ihm unterhielt. Er beteuerte, er könne jedes Wort verstehen, das der Vogel zu ihm sage, und daran zweifelten wir nicht, denn Zornverflogen hüpfte auf seinem ausgestreckten knorrigen Arm herum, als habe er das schon immer getan; er erschrak weder vor Herrn Sudits Wortschwall noch vor dem Zucken seiner Finger. Herr Sudit nannte den Vogel Schtetl. Er behauptete, ein Tier mit solchen Eigenschaften werde in den Schriften des Rabbiners von Verdichevt erwähnt, eines Rebbe, der G-tt von Angesicht zu Angesicht gesehen habe und deshalb ein Gerechter unter den Gerechten gewesen sei. Victoria war überzeugt, dass uns der Vogel nicht zufällig zugeflogen war. Wie Benjamin Schneid, ein Freund meines Vaters, der in Buenos Aires lebte und vier Berufe gleichzeitig ausübte, vermochte sie Zeichen zu lesen, die andere nicht einmal wahrnahmen. »Zornverflogen ist ein Bote aus dem Gelobten Land. Er ist gekommen, um uns hinzuführen. Das kann man an seinen Beinen sehen, die sind genauso orange wie die Stadt Haifa«, sagte sie. Diese Offenbarung versetzte uns in Hochstimmung.

Das Vermögen, Zeichen zu sehen, war von unseren Vorfahren in Saloniki und Rhodos auf uns gekommen, aber nur Victoria besaß die Fähigkeit, sie richtig zu deuten, weil sie sie tief in sich spürte. Vielleicht auch deshalb, weil sie so viel las und überall ihre Nase reinsteckte, oder weil sie beobachtete, wie die Dinge sich je nach Tageszeit und Gebrauch veränderten, wie sie sich den Orten anpassten, an denen sie sich befanden, und den Gesprächen, die über sie geführt wurden. Es lag auf der Hand, dass Victoria einmal Schriftstellerin werden würde – ein Gedanke, der meine Großmutter quälte. Wenn eine Frau sich dem geschriebenen

Wort hingibt, dann verdorrt ihr Leib oder sie bringt blöde Kinder zur Welt, schrieb sie in einem Brief an meine Mutter und legte ihr nahe, alle Bücher im Haus wegzuschließen. Natürlich hätte eine solche Maßnahme nichts gefruchtet, denn Victoria vermochte selbst in den Sternen und im Wasser zu lesen, in den Kleidern von Reisenden und in den Schritten der Leute auf der Straße. Deshalb nahm sie auch die Zeichen wahr und deutete sie uns, wobei ihre Stimme vor innerer Bewegung zitterte. Es stimmt zwar, dass sie sich manchmal irrte, doch das tat ihrem Ansehen keinen Abbruch, denn bisweilen setzt G-tt seine Zeichen auf eine sehr verwirrende Art, dass sogar die Zaddikim und Chachamim außerstande sind, sie richtig zu lesen. Bei uns zu Hause wurden die Zeichen, egal welche, immer ernst genommen. Und mein Vater, der überzeugt war, dass das Universum eine große Maschine sei, die sich bewegt und viel Lärm macht und dabei ständig Leben erzeugt, glaubte an sie nicht weniger fest als an das Vorhandensein des Schattens.

24

Um sein seelisches Gleichgewicht wiederzufinden, nahm sich mein Vater die Pläne vor, die ihm Reuvén Toledo vor einiger Zeit geschickt hatte. Sein besonderes Interesse galt einer Maschine, mit der sich, so schrieb sein Freund, kleine bunte Vögel herstellen ließen, eine Erfindung, die meinen Onkel Chaim gleich in ein Fieber ekstatischer Spekulationen versetzt hatte, als sei die Werkstatt meines Vaters ein marokkanisches Café, in dem mehr geredet als getrunken wird und nichts unmöglich ist. Das Interesse meines Vaters war natürlich durch die Gesellschaft unseres Vogels neu geweckt worden, der längst durchs ganze Haus hüpfte oder flog und sich aufführte wie einer, der von Anfang an dabei gewesen ist, schon als die Mauern gezogen und die Rohre gelegt worden sind. Er kannte jeden Gegenstand, jedes Zimmer – und die Uhrzeit, denn kurz vor den Mahlzeiten fing er immer an zu singen, weil er wusste, dass für ihn gleich etwas abfallen würde. Zoila sagte, das sei ein verzauberter Vogel, und Joaquín setzte ihn sich, sobald er aus der Schule kam, auf die Schulter und lief zum Spiegel, um sich als Pirat mit Papagei zu bewundern. Der kühne

Seeräuber Joaquín, Herr der sieben Meere, und sein treuer Begleiter Zornverflogen alias Schtetl! Ich will nicht leugnen, dass auch mein jüngster Bruder ein bisschen durchgedreht war, kein Wunder bei all dem, was Victoria dauernd verzapfte, und bei Zoilas Zauberkram.

Mein Vater zeichnete den Konstruktionsplan der Vogelfabrikmaschine in einem größeren Maßstab ab, wobei er darauf achtete, die Form und Farbe jedes einzelnen Buchstaben in der Raschi-Schrift genau wiederzugeben, weil er wusste, dass die Buchstaben nicht nur Wörter bildeten, sondern auch Zahlen, Jahreszeiten und Musiknoten darstellen konnten. Und obwohl ihm klar war, dass all seine Mühe nichts bringen würde (denn der kopierte Plan war nicht mehr als ein Gedankenspiel, ein Projekt, dem nie die Profanisierung durch Verwirklichung drohte), arbeitete er weiter. Meine Mutter glaubte schon, er habe den Verstand verloren und begonnen, sich von der Welt abzukoppeln – so wie einst mein Großvater mütterlicherseits, der fast ein Jahr lang mit offenen Augen auf einem Thonetstuhl im Türstock zu seinem Zimmer gesessen war. Seine Töchter standen vor ihrem Vater und schauten ihn an: Er kam ihnen vor wie der Wächter des Gartens Eden. Mein Großvater starb, als er die Augen schloss und vom Stuhl kippte, den Kopf vollgestopft mit kabbalistischen Symbolen, wie meine Großmutter sagte, die weder eine Träne vergoss noch die vorgeschriebene Shiva für ihn einhielt. Über meinen Großvater wurde bei uns nie gesprochen, meine Mutter erwähnte ihn nur einmal, um einen Vergleich zu ziehen mit dem Lehrer aus der Nachbarschaft, der im Viertel herumgelaufen war und behauptet hatte, er habe so lange studiert und geübt und ohne zu blinzeln in die Sonne geschaut, bis er den geheiligten Namen G-ttes habe aussprechen können. Danach erlitt der Mann einen schweren Nervenzusammenbruch, von dem er sich nicht mehr erholte, zur Verzweiflung seiner Frau, die glaubte, das sei die Strafe dafür, dass sie andere Männer begehrt hatte. Sie war mollig, groß und blond, hatte blaue Augen und breite Hüften und brüstete sich mit ihrer Figur (die ansehnlich geblieben war, weil sie nie entbunden hatte). Und jetzt war sie allein, mit einem nicht ansprechbaren Mann. Deshalb verstanden wir den Schrecken meiner Mutter, als sie sah, dass mein Vater an der Vogelfabrikmaschine einen Narren gefressen hatte. »Er wird noch überschnappen«, sagte sie zu Rivka und drehte am Zipfel ihrer Schürze, während mein Vater in seiner Werkstatt herumtüftelte, jeden Tag drei Schachteln Zigaretten rauchte und bis spät in die Nacht hinein Walzer und Märsche von Johann Strauß Vater und Sohn hörte.

Mit Zornverflogen, der sich zum Herrn des Hauses und zum Wächter über die Mahlzeiten aufgeschwungen hatte, kamen der Regen und die Kälte. Und Chaims

Gesicht umwölkte sich, sein Schnurrbart wurde weiß, sein Kinn stachelig. »Du hast Nägel im Gesicht«, sagte Victoria, die jedes Mal, wenn sie ihn sah, auf ihn zulief und ihm einen Kuss gab. Es war, als habe er die Fehlgeburt erlitten. Oder als müsse er sie darstellen. Dagegen blühte Rivka auf, zur allgemeinen Überraschung, immerhin hatte sie über einen Monat lang wortlos in die Ecke gestarrt. Sie schaffte es auch, meinen Vater aus der Welt der Vogelfabrikmaschine zurückzuholen, und zwar, indem sie mit ihm schimpfte. Das hatte noch nie eine Frau gemacht. Und keine hatte es gewagt, eine Zeichnung von ihm zu zerreißen. Aber genau das tat Rivka, und wie durch ein Wunder wurde alles wie früher. Oder fast wie früher, denn statt sich bei der Arbeit an der aussichtslosen Erfindung zu verausgaben und die Buchstaben in der Raschi-Schrift richtig auszulegen, verzehrte sich mein Vater jetzt vor Sehnsucht nach einem Brief aus England oder Frankreich. Und er fragte Victoria jeden Morgen, was sie geträumt habe.

Meine Mutter war von Rivkas neuer Schönheit sehr angetan, denn eine schöne Frau kann viele Kinder gebären, ganz abgesehen davon, dass sie der Stolz ihres Gatten ist. Das jedenfalls sagte sie zu Rivka und regte sie an, Tischtücher und Servietten für das Esszimmer zu sticken. Dabei half ihnen Victoria, die mit der Fertigkeit einer Spinne häkelte, weil sie lange Finger hatte und weil ihren Augen nichts entging. Eine gute Partie wäre ihr sicher gewesen, wenn sie nicht so dünn gewesen wäre und mehr Wert auf ihr Äußeres gelegt hätte. Aber es machte ihr nichts aus, karierte Strümpfe zu einem blauen Rock zu tragen, hinten hing ihr das Hemd raus, und sie hatte immer strubbeliges Haar. Sie war eigentlich nicht hässlich, auch wenn sie von meinem Vater das Aussehen und von Chaim die fahrigen Gesten geerbt hatte, vor allem den Tick, vor dem Einschlafen mit den Schneidezähnen an der Unterlippe zu nagen. Sie wurde wütend, wenn wir ihr das unter die Nase rieben, wenn wir sagten, sie stamme von Feldmäusen ab.

25

Mein Onkel Chaim sah immer elender aus und wurde der Witwe von Tag zu Tag ähnlicher. Er lachte nicht mehr, machte keine Späße mehr und fing an, Banknoten mit der Habsucht eines Maurenkönigs zu horten. Er steckte seine Nase sogar in das Haushaltsbuch meiner Mutter und wollte ihr vorschreiben, wofür sie kein Geld ausgeben oder was sie erst kaufen dürfe, nachdem sie einen Rabatt ausgehandelt habe. Es reichte schon, dass er seine Frau zum Sparen anhielt oder ihr aus Eifersucht unangenehme Fragen stellte, für die Rivka nur eine wegwerfende Gebärde übrig hatte, aber dass er sich in unsere Finanzen einmischte, das ging zu weit. Die Sache mit der Fehlgeburt hatte ihm anscheinend das Hirn aus dem Kopf geblasen. Oder sollte es mit Mindele zu tun haben? Denn Mindele war Chaims Schatten in der Buchhandlung, und was er tat, das tat auch sie. Victoria raunte etwas von Onkel Chaims Seele, die sich von ihm gelöst habe und in den Körper von Rivkas Schwester gefahren sei. Und weil Mindele mager und spröde war und Chaim aschfahl, glaubten wir es. So wie meine Mutter glaubte, die Schwindsucht hätte ihren Bruder wieder.

Er war kein leichter Monat, dieser Oktober, in dem es viel regnete und früh dunkel wurde, in dem mein Vater fast den Verstand verlor und mein Onkel sich in einen knauserigen, eifersüchtigen Schatten verwandelte. Meine Mutter war überzeugt, dass so viel Regen nicht guttat, und schickte uns Kinder früh zu Bett, nachdem sie uns heißen Tee eingeflößt und Aspirin zu schlucken gegeben hatte, weil sie den Ausbruch einer Grippeepidemie oder das Übergreifen tropischer Seuchen befürchtete. Seuchen, deren Auswirkungen Zoila in allen Einzelheiten schilderte. In den Büchern, die sie nachts las, stand, dass die Bazillen auch ins Blut gelangten und dass man, wenn man nicht aufpasse, Krämpfe bekomme und bei lebendigem Leib verfaule. In diesem Monat Oktober redeten meine Mutter und Zoila ständig von schrecklichen Krankheiten und was man dagegen tun könne: heiße Getränke, hohe Dosen Vitamin C und Gesichtsdampfbäder mit Eukalyptusblättern. Natürlich mussten wir diese Dampfbäder, die uns zum Husten und Schwitzen brachten, über uns ergehen lassen. Wie Gnome im Gänsemarsch traten wir zur Behandlung an und verließen die Küche in Menthol gedünstet. Wenn wir dann im Bett lagen, mit bleichem Gesicht, jede Pore wie mit Bimsstein geschrubbt und mit dem Gefühl, vor Beklemmung fast gestorben zu sein (so, wie wenn wir logen und uns im Netz der Lüge verhedderten), schafften wir es gerade noch, uns einmal zur Seite zu drehen, und schliefen auf der Stelle ein. Diese Dampfkuren ließen uns nicht nur frei atmen, sie behüteten uns auch vor schweren Träumen, und nicht einmal das Strampeln des Bettgenossen konnte uns wecken. Zu Hause schliefen wir Geschwister jeweils zu zweit in einem Bett.

Der schlimme Oktober endete mit dem Selbstmordversuch meines Onkels, der sich im Waschbecken die Adern aufschnitt und die Handgelenke unter den Warmwasserhahn hielt, um schneller zu verbluten. Doch er ertrug das heiße Wasser nicht und brach den Selbstmord ab. Sicher hatte er auch Angst davor, dem Ewigen ohne stichhaltige Rechtfertigung entgegenzutreten, was ihn dazu verurteilt hätte, als Gespenst ruhelos umherzuwandern. Er lief dann zu Doktor Schmulson, um die Wunden versorgen zu lassen, und auf dem Weg dorthin machte er alles blutig, die Wände und den Fußboden, zwei Handtücher und ein Laken. Als die Witwe von der seelischen Zerrüttung meines Onkels erfuhr und von der Sauerei, die er in Ausübung seiner Sünde angerichtet hatte, beschuldigte sie ihn, er habe Rivka töten und sie entehren wollen, denn alle Nachbarn hatten gesehen, wie mein Onkel mit Blut an den Händen über die Straße gelaufen und zur Praxis von Doktor Schmulson getaumelt war. Das sorgte für böse Gerüchte. Meiner Mutter stellte Chaim den Vorfall so dar, dass sie glauben sollte, es sei ein Unfall gewesen. Sie nahm seine Erklärung hin, ohne Fragen zu stellen, was nur bedeuten konnte, dass sie an seiner Version zweifelte. Am Tag, an dem Chaim diese Welt verlassen wollte, stand sie drei Stunden lang in der Küche, kochte verbissen und redete dabei mit sich selbst. Abends wechselte sie mit Doktor Schmulson ein paar Worte, ehe sie ohne zu essen zu Bett ging. Sie schritt die Treppe hinauf, wie es die Schauspielerinnen in den nordamerikanischen Filmen tun: eine Hand am Geländer, die andere an die Brust gedrückt. Ihr Haar schien zu lodern. Das lag an der Deckenlampe, die einen roten Schirm und zwei starke Glühbirnen hatte.

26

Endlich kam Post aus Frankreich. Es war ein schmales, braunes Kuvert, auf dem zwei riesige Briefmarken klebten. Meine Mutter war ganz aufgeregt und öffnete den Brief, weil sie meinen Vater mit der Nachricht überraschen wollte. Aber das Schreiben kam von keinem großen Unternehmen, sondern von Barcas, der meldete, dass der Versuch, kapitalstarke Interessenten für die Brotfabrikmaschine zu gewinnen, rundum gescheitert sei. Als mein Vater die Hiobsbotschaft hörte, zuckte er mit den Schultern, zündete sich eine Zigarette an und ging in seine Werkstatt zurück. An diesem Tag aßen wir schweigend, nur Herr Sudit zog in allen Sprachen, deren er mächtig war, über Barcas her. Doch am Ende bereute er seine bösen Worte; er schloss die Augen und sprach ein Gebet, in dem er um Vergebung bat. Er sagte, seine Zunge habe sich wie eine Schlange in einer Pfanne mit siedendem Öl gewunden, und das sei nicht recht gewesen. Um die Spannung am Tisch zu lockern, fing meine Mutter an, über Chaims Genesung zu reden. Er erhole sich von seinem Schmerz im Haus von Doktor Schmulson, das er nicht mehr verlassen habe, seit er dort Hilfe gesucht hatte. Dem Doktor zufolge hatte ihn mein Onkel freilich gebeten, ihm für ein paar Tage Zuflucht zu gewähren, und Schmulson war darauf eingegangen, sehr zum Leidwesen seiner Frau, die so breit und flach war wie die Bögen, die man zum Plänezeichnen verwendet. Einmal hatte mein Vater im Scherz gesagt, auf ihr könnte er seine Maschinen entwerfen, ohne dass ihm auch nur eine Linie ungerade geriete. Meine Mutter fuhr ihm sofort über den Mund, denn diese Bemerkung wurde Doktor Schmulsons Frau nicht gerecht. Sie war ja weder fad noch sauertöpfisch und saß oft mit uns bei Tisch. Sie brachte immer gedörrte Datteln mit, die ihr irgendwer aus weiter Ferne schickte, aber von wem und von wo diese Datteln kamen, das sagte sie nicht, das war eines ihrer Geheimnisse. Doktor Schmulsons Frau, die nicht gebären konnte, hortete kleine Geheimnisse und zog sie um sich herum auf. So übte sie eine Art Mutterschaft aus, die ihr Mann nicht deuten konnte, und es half ihm auch nichts, dass er alle Bücher von Sigmund Freud las. Aber diese Eigenart seiner Frau schadete keinem, und ihre Geheimniskrämerei nahmen wir als eine von vielen Kuriositäten unseres Viertels.

Am Tag, an dem Barcas' Brief eintraf, bald nach dem Abendessen, erschien Rivka. Sie hatte das Gesicht blau angestrichen, wie eine Beduinenfrau, und an ihren Handgelenken baumelten Bänder und Armreifen in allen Größen. Sie trat ins Haus, schaute uns allen in die Augen und stellte sich unter den Türstock zum Esszimmer. »Ich bin ein Wüstengeist«, sagte sie mit hohler Stimme und ließ ihre Arme kreisen, sodass die Armreifen klirrten. Keiner von uns rührte sich, so beeindruckt waren wir von diesem Auftritt, der mehrere Minuten dauerte. Dann wurde es still, und Rivka stellte sich auf die Zehenspitzen, verschränkte die Hände über der Brust (so, wie man die Toten aufbahrt) und ließ ihren Oberkörper wie ein Pendel hin und her schwingen. Zuletzt biss sie sich auf die Lippen, bis sie bluteten. Dann ging sie wieder, ohne sich zu verabschieden und ohne dass wir versucht hätten, sie zurückzuhalten, denn wir saßen da wie Wachsfiguren. Da fing meine Mutter an zu weinen. Ein Weinen, das in Fluchen überging.

27

Am selben Tag, um Mitternacht, waren an der Haustür heftige Schläge zu hören, und wir sprangen erschrocken aus den Betten. Es war, als kündigten uns die Engel Gottes eine neue Flucht aus Ägypten an. Mein Vater öffnete die Tür. Vor ihm standen die Witwe und Mindele, beide schwarz gekleidet und jede mit einer Mesusa in den Händen, aus der ein Stück der Pergamentrolle ragte. Sie machten drohende Gebärden, wie zwei Apachen auf dem Kriegspfad. Noch ehe mein Vater etwas sagen konnte, spuckten sie ihm ins Gesicht, dann verschwanden sie, rückwärts gehend, in der Dunkelheit. Hinter meinem Vater stand meine Schwester Victoria, einen Zipfel ihres Nachthemds in der Hand. Mein Vater schloss die Tür und wischte sich die Spucke mit dem Ärmel seines Bademantels ab. »Die ägyptischen Tage sind über sie gekommen«, sagte meine Schwester, und er legte ihr die Hand auf den Kopf und schaute zu meiner Mutter hoch, die mit weit aufgerissenen Augen auf der obersten Stufe der Treppe stand. Aber er fand keine Worte, und wir legten uns wieder hin und konnten nicht mehr schlafen in dieser Nacht, in der wir gesehen hatten, dass unserem

Vater ins Gesicht gespuckt worden war. »Mit giftigem Speichel, weil er von zwei Verrückten stammte«, sagte Victoria, »und das ist widerlicher als die Pickel von Samuel Barcas.«

Zwei Tage später erwies sich, dass die angeheiratete Familie meines Onkels tatsächlich den Verstand verloren hatte, und er mit ihr. Die Witwe und ihre Töchter wurden gesehen, wie sie in grünen und blauen Kleidern mit ihren Koffern durch die Straßen des Viertels zogen und sinnlose Fragen stellten, zum Beispiel, welche Farbe die Arche Noah habe, wie Engel eigentlich atmeten und ob es möglich sei, das Blau des Himmels zu pflücken und in Flaschen aufzubewahren. Als Erste fragte die Witwe, dann Rivka und zuletzt Mindele, alle stellten die gleiche Frage, nur der Tonfall war jedesmal anders. Die Oper der gequirlten Scheiße, so nannte Herr Sudit die Darbietung der drei Frauen. Hinter ihnen trottete mein Onkel, auf dem Kopf den spitzen Hut eines Zauberers, an den Füßen die roten Schuhe von Zirkusakrobaten, in der Hand eine unsichtbare Laterne, die ein ebenso unsichtbares Licht warf, das er aber offenbar benötigte, weil er nur zögernd und sehr vorsichtig einen Fuß vor den anderen setzte. Zu Hause weinte meine Mutter ohne Unterlass, und neben ihr saß Zoila und versuchte, sie mit Melissentee und Baldriantropfen zu beruhigen. Den Bazillus dieses Wahnsinns, so vermutete mein Vater, habe Chaim auf einer seiner unmöglichen Reisen eingefangen, und dann habe er andere damit angesteckt. Deshalb habe ihm auch die Schwindsucht nichts anhaben können, denn er sei ein Gesandter der Unterwelt mit dem Auftrag, Chaos zu schaffen. Mein Vater redete in einem fort und widersprach sich in jedem zweiten Satz, er zog seine Jacke an und blieb trotzdem zu Hause, steckte sich Zigaretten verkehrt herum in den Mund und zündete sie am Filter an und suchte nach seiner Brille, obwohl er sie aufgesetzt hatte. Das alles war eine Folge dessen, was in diesem Jahr der Maschinen und des Leviathan über uns gekommen war, sowie des ewigen Flennens meiner Mutter, die nicht mehr schlief und rote Augen hatte, sich dauernd übers Gesicht wischte und mit Klopapier schneuzte. Victoria sagte, es sei wie am 9. Aw, dem Tag, an dem der Tempel von Jerusalem zerstört worden war.

Die Zeit des Wahnsinns fand ein Ende, als der Regen einsetzte. Aber sie fand ein böses Ende.

28

Der Wahnsinn in Rivkas Familie hielt zehn Tage und zehn Nächte an und hörte nach einem Gewitterregen auf. Der Zustand der Witwe änderte sich allerdings kaum, und Doktor Schmulson musste sie mit Spritzen ruhigstellen. Die Flüssigkeit in den Ampullen war bläulich und dick, und die Dosis hätte für zwei Pferde gereicht, behaupteten die losen Zungen der Frauen auf dem Markt, die auf deutsch und auf polnisch herumschnatterten und oft genug miteinander verwandt waren, weshalb sie sich beim Tratschen keinen Zwang antaten. Unter der Wirkung der Spritzen schlief die Witwe eine ganze Woche lang, und Chaim, Rivka und Mindele nutzten diese Zeit, um ein neues Leben zu beginnen, zu dritt unter einem Dach und in einem Bett, ungeachtet der Sünde, die sie damit begingen und die dazu führte, dass meine Mutter um ihren Bruder trauern musste. Wegen dieses schweren Frevels, schamlos mit den beiden Schwestern zusammenzuleben, verstieß sie Chaim aus der Familie und betrachtete ihn als gestorben, akzeptierte keine Erklärungsversuche und verbat sich, dass man auch nur seinen Namen nannte. Und wenn sie ihn auf der Straße sah, dann nahm sie ihn nicht als einen Lebenden wahr, sondern als einen der Verdammnis anheimgefallenen Geist, den höchstens ein Engel G-ttes erlösen könnte, aber erst nach unerhörten Bußen. Chaims Sünde, die meine Mutter hinausschrie, wobei sie sich das Hemd zerriss und das Haar raufte, den Hals und die Hände zerkratzte, bereitete ihr die größten Seelenqualen, und jede Erinnerung an ihn war wie ein Ausblick in eine Landschaft voll glühender Nadeln und eisiger Bäume.

Ab Mitte November wurde mein Onkel als »der Tote« bezeichnet. Wir durften nur noch in der Vergangenheitsform von ihm reden und ohne konkrete Einzelheiten zu erwähnen – als wäre er ein verschwommenes Traumbild. Das Einzige, was an ihn erinnerte, war ein Foto, das im hintersten Zimmer an der Wand hing, dort, wo er gefiebert und fantasiert hatte, als ihn die Schwindsucht niederwarf und meiner Mutter die ersten weißen Haare wuchsen (nichts im Vergleich zu denen, die ihr jetzt kamen).

»Wir sollten von hier wegziehen, in ein anderes Viertel«, sagte meine Mutter, während sie auf das Tischtuch starrte und mit ihrer Gabel in einer Aubergine stocherte. Ihre Stimme klang, als habe sie es an den Bronchien. »Ich werde darüber nachdenken«, erwiderte mein Vater und verschluckte sich. Er verschluckte sich immer dann, wenn er eigentlich nein sagen wollte. Da bekam meine Mutter einen ganz roten Kopf, griff nach einem Zipfel des Tischtuchs und zog es, ohne dass es einer von uns hätte verhindern können, mit einem jähen Ruck vom Tisch. Wir saßen stumm da, bekleckert mit Suppe, Bratensaft, Limonade und Fett. Es dauerte eine Weile, bis sich Herr Sudit, der längst zu einem Stammgast bei uns geworden war, nach den Tellern, den Gläsern, den Tassen und dem Besteck bückte. Wir folgten seinem Beispiel, stellten alles, was heil geblieben war, zurück auf den Tisch und kehrten die Scherben und die Essensreste in zwei Haufen zusammen. Victoria sagte, jedes Unglück habe auch sein Gutes, und das nächste Mal könnten wir immerhin von neuen Tellern essen. Da musste mein Vater lachen, und wir lachten alle mit. Zu guter Letzt saßen wir in der Küche und verschlangen spanisches Omelett, und Herr Sudit erzählte in seinem Kauderwelsch von den Wintern in Odessa und von den Schiffen mit der gelben Flagge, die nicht anlegen durften, weil an Bord die Pest ausgebrochen war. Meine Mutter saß in einer Ecke und sah aus wie eine Gehenkte.

29

Während mein Onkel Chaim ungeniert vor aller Augen sündigte, selbst vor seiner Schwiegermutter, die sein Treiben wegen der Spritzen allerdings nur im Dämmerzustand wahrnahm, machte sich mein Vater wieder an die Brotfabrikmaschine, diesmal aber unter Verwendung der Konstruktionspläne, die ihm Reuvén Toledo geschickt hatte.

Jetzt war es Herr Sudit, der meinem Vater bei der Arbeit zur Hand ging. Die beiden rumorten bis tief in die Nacht hinein in der Werkstatt, verständigten sich mit wenigen Worten und tranken ununterbrochen grünen Tee, bis der Vorrat in der Speisekammer zur Neige ging. Marta sagte, hoffentlich werde es nicht genauso enden, wie bei einem anderen, dessen Name nicht genannt werden dürfe, aber Victoria, die gerade ein Buch über nordische Drachen las und die übrige Zeit vor dem Spiegel zubrachte, um nach einem Handbuch die Foxtrott-Schritte einzustudieren, zuckte nur mit den Schultern und lächelte rätselhaft, wie Greta Garbo als Anna Karenina auf dem Filmplakat, das sie in ihrem Zimmer aufgehängt hatte. Das Plakat hatte ihr eine genervte Lehrerin geschenkt, unter der

Bedingung, dass sie endlich aufhöre, ihr Löcher in den Bauch zu fragen.

Die Brotfabrikmaschine funktionierte auch nach dem Umbau nicht richtig, weil sie alle paar Minuten einen Kurzschluss produzierte. Die Folge war, dass Funken sprühten und mein Vater und Herr Sudit gefährliche Stromschläge erlitten, gegen die Wände geschleudert wurden und zu fluchen begannen. Unter normalen Umständen hätte meine Mutter sich solche Entgleisungen verbeten, weil durch G-tteslästerungen kleine Dämonen angelockt werden, aber jetzt schenkte sie dem, was aus der Werkstatt zu ihr drang, kaum Beachtung. Ich glaube, sie hätte nicht einmal mit der Wimper gezuckt, wenn die ganzen Maschinen in die Luft geflogen und mein Vater und Herr Sudit am Firmament verglüht wären, wie Sternschnuppen oder wie die Feuerwerkskörper aus Valencia, die Figuren und Farben in den Nachthimmel zauberten. Aber für sie war die Welt zusammengebrochen und zu einem wüsten Stern geworden, den wir wie kümmerliche Monde umkreisten.

Der letzte Kurzschluss der Brotfabrikmaschine hätte um ein Haar das ganze Haus in Brand gesetzt und Herrn Sudit getötet. Durch die Wucht des Rückstoßes war seine Brille zerbrochen, und die paar Haare, die er noch hatte, standen ihm wie versengtes Gras zu Berge. Außer sich vor Wut und Schrecken schwor er, unser Haus nie wieder zu betreten, und drohte, meinen Vater aus seiner Fabrik rauszuschmeißen und die ganze Familie anzuzeigen, weil wir eine Gefahr für die öffentliche Sicherheit seien. »Fous du monde inferieur, shit de locos, Adonai proteja la terra de uno popolo comme voi, meschugges, meschugges de drek«, brüllte er, während er das Gestell der zerbrochenen Brille auf seine lange lila Nase drückte. Gegen diese Schimpfkanonade wehrten wir uns heldenhaft, wie ein Stamm von großen Kriegern, und es fehlte nur, dass wir Morgensterne und Eselsknochen schwangen. Wir tobten wie die Dämonen beim Weltuntergang, die bekanntlich rot und grün gestreift sind, mit zweimal gespaltener Zunge reden und an den Augen viele spitze Zähne haben. Sogar Zoila beteiligte sich am allgemeinen Aufruhr. Sie raufte sich die Haare und tanzte kreischend durchs Zimmer. Hätte ein Fremder in diesem Moment das Haus betreten, er wäre vor Schreck erstarrt, so groß war der Wahnsinn, den wir trieben und der erst endete, als Clara leichthin sagte, dass Miriam im ersten Stock auf ein Fensterbrett geklettert sei. Mein Vater rannte die Treppe hoch, machte einen verzweifelten Satz und kriegte sie gerade noch an einem Bein zu fassen. Die Vorstellung, dass meine kleinste Schwester beinahe auf die Straße gestürzt wäre, brachte uns zur Besinnung, und wir hielten schlagartig inne.

Dieses Mal wurde zum Abendessen wieder das Tafelgeschirr für besondere Anlässe hervorgeholt. Herr

Sudit nahm den Ehrenplatz am Kopfende des Tisches ein, blickte uns durch seine zerbrochenen Brillengläser hindurch an und sagte, ein Teufel sei durch unser Haus gegangen. Mein Vater fuhr sich mehrmals mit den Händen durchs Haar, und meine Mutter drückte Miriam fest an sich und murmelte vor sich hin. Es gab Püree und Fleisch mit Dörrpflaumen, und alle bemühten sich, beim Essen jedes Geräusch zu vermeiden.

30

Der Ausbruch von Wahnsinn, den Herr Sudit ausgelöst oder den, wie er klarstellte, ein Dämon uns eingebrockt hatte und bei dem wir den ganzen Schrecken, den wir in uns trugen, aus uns rausließen, stellte in unserem Haus das Gleichgewicht wieder her. Und er gab uns die Gelegenheit, das Geschirr einzuweihen, das Zoila gemeinsam mit Victoria im Geschäft des Ehepaars Bauer gekauft hatte, deutschen Juden, die immer im Halbdunkel ihres Ladens standen und nur die Hände bewegten, um zu zeigen, wo die verlangten Artikel waren und wo man das Geld hinlegen sollte. Von ihnen kannten wir nicht mehr als ihre Handbewegungen und die wenigen dazugehörigen Worte. Und weil sie aus ihrem Land hatten fliehen müssen, respektierten alle die Schatten, die sie umgaben.

Das neue Geschirr hatte ein Muster mit Fischen und Muscheln. Victoria behauptete, es sei in Bulgarien hergestellt worden, von wo unser Urgroßvater mütterlicherseits herkam. Allerdings stand auf der Unterseite der Teller *Fabriqué en Belgique*. Aber Victoria meinte, dass die Muster eindeutig bulgarischen Ursprungs seien und islamische Symbole darstellten, insbesondere die Muscheln, die nur wie Muscheln aussähen, in Wirklichkeit aber stilisierte arabische Schriftzeichen seien. Keiner von uns brachte einen Einwand gegen diese These meiner Schwester vor, die ihre Tanzschritte inzwischen auch schon unter dem Tisch übte, was Marta störte, weswegen sie sich dauernd bei meiner Mutter beklagte und meiner Schwester drohte, ihr mit der Suppenkelle auf den Kopf zu schlagen, einem großen Löffel mit eingeprägten Koransuren, wie uns Victoria weismachen wollte, was wir ihr allerdings nicht abnahmen.

Um in solchen Streitfällen zu vermitteln, fehlte uns Onkel Chaim, aber von ihm durfte ja nicht geredet werden, seinen Namen zu nennen wäre schlimmer gewesen, als ein Stück Schweinefleisch zu essen. Mein Vater dachte, vielleicht seien die islamischen Symbole, die sich bei uns eingeschlichen hatten, schuld an den ägyptischen Tagen, von denen wir gerade heimgesucht wurden. Doch das sagte er nicht laut, sondern notierte es in seinem Tagebuch, in dem auch seine Reflektionen über die syrische Lampe standen. Sollte er die Lampe wegräumen, kaputt schlagen oder einfach da stehen lassen, wo sie stand? Es könnte ja sein, dass ihr Schein die moabitischen Gnome anlockte, die sich einen Spaß daraus machten, überall, wo sie auftauchten, große Verwirrung zu stiften. Drecksteufel nannte sie Reuvén Toledo, der von ihnen aus einem alten Buch wusste, das er in der Medina von Casablanca gekauft hatte. Aus diesem Buch hatte er in seinen Briefen an meinen Vater oft zitiert. Einmal verglich er die moabitischen Gnome mit den schwedischen Frauen: Beide hätten einen großen Busen und eng beieinander stehende Zähne; sie säßen nur da und glotzten, ohne zu reden. Die Wörter schluckten sie nämlich runter, um sich davon zu ernähren. »Die Schwedinnen sagen nicht einmal etwas, wenn man sie anfasst«, schrieb der Freund meines Vaters in seinen Briefen.

Meine Mutter mochte diese Briefe nicht. So wie sie auch Zornverflogen nicht mehr leiden konnte, weil er durchs ganze Haus hüpfte und krächzte, dass es Zeit zum Essen sei. Den Vogel traf keine Schuld in diesen Tagen der Diaspora, in denen wir so sehr nach Jerusalem reisen wollten und nicht konnten, weil etwas uns unentrinnbar an das Haus und an das Viertel gefesselt hielt, an Chaims Schatten und an die Pläne unmöglicher Maschinen, und es war, als habe sich alles gegen uns verschworen. Zoila wollte sogar gehört haben, wie die Spottdrossel über uns gelacht hatte.

31

Unser Haus nannten wir »Hotel Amerika«, weil alle möglichen und unmöglichen Leute, die in diesen Erdteil kamen, bei uns abstiegen. Vettern und Basen, Onkel und Tanten, Schwiegermütter, Freunde und Unbekannte, die irgendwer zu uns geschickt hatte, verwandelten das Haus in einen Jahrmarkt, und auf dem Tisch stand immer ein zusätzlicher Teller für jemanden, den wir oft gar nicht kannten. Wir hatten auch ein Gästezimmer mit einem Bett und einer freien Ecke für Koffer und Reisetaschen sowie einer Kommode, in der die Besucher ihre Sachen unterbringen konnten, Stoffe und allerlei Tand zum Schmücken von Häusern und Bräuten. Denn alle Gäste hatten etwas bei sich, mit dem sie Handel treiben konnten. Und obwohl wir immer knapp bei Kasse waren und meine Mutter sich die paar Pesos, die sie in einem Topf oder zwischen ihren Blusen versteckte, vom Mund absparte, waren alle willkommen. Sie fanden Seife, Handtücher und saubere Laken vor. Auch einen Spiegel gab es, und Briefpapier.

Dass unser Haus Pilgern, Forschern und Kaufleuten offen stand, ging auf meinen Großvater zurück, den Vater meiner Mutter. Er hatte bei sich zu Hause die unterschiedlichsten Leute aufgenommen, sogar gegen den Willen meiner Großmutter. Er sagte, wenn ein Fremder in deinem Haus schläft, dann kannst du später einmal in seinem Haus schlafen, und auf die Weise wird die Welt kleiner. Außerdem bringt Gastfreundschaft Glück und gute Tischgespräche. Mein Großvater zweifelte an G-tt und glaubte an die Freundschaft, denn Freunden könne man in die Augen schauen und ihren Atem riechen, und Mund und Blick verrieten mehr als Worte. Er hatte die halbe Welt kennen gelernt, indem er in Häusern von Bekannten übernachtete, in denen ihm das Essen besser schmeckte und keiner ihn niederstach, um ihn auszurauben. Das sagte er, während ihm meine Großmutter einen nachsichtigen Blick schenkte, wie einem harmlosen Narren, und ihre Töchter das Bett im Gästezimmer frisch bezogen und darauf achteten, dass im Esszimmer ein extra Stuhl stand, den man an den Tisch rücken konnte. »Für den Kochtopf wird sich immer etwas finden«, sagte mein Großvater, »aber Freunde zum Reden sind knapp.«

Meine Mutter hätte ohne weiteres ein Hotel führen können, aber sie hasste Hotels. Für sie war es ein Naturgesetz, dass man jemanden bei sich zu Hause aufnimmt. Und mein Vater akzeptierte ihre Einstellung, denn er hatte immer unter Menschen gelebt, die kamen und gingen, er konnte sich nicht erinnern, je allein gewesen zu sein. Er war ein Karawanenmensch, einer vom Stamme Benjamins, er vermochte im Gewimmel von Märkten zu arbeiten, in glühender Hitze oder im strömenden Regen, ihn störte weder der Lärm noch die Stille. Solange seine Arbeit nicht darunter litt, war ihm jedermann willkommen. Zur Begrüßung der Gäste band er sich sogar eine geblümte Krawatte um.

Die Reisenden, die bei uns abstiegen, versorgten uns mit Nachrichten, Geschichten und Ansichtskarten, für uns ein gefundenes Fressen. Ihre Worte, ihre Schilderungen fremder Länder waren Musik für uns, wir löcherten sie mit Fragen und nickten eifrig, wenn sie uns etwas erzählten, das wir schon kannten. Wenn wir schon nicht nach Jerusalem hatten fahren können, so brachten die Gäste uns wenigstens Bruchstücke von der Stadt aus Gold ins Haus. »Wer schon weiß, wohin er reist, reist doppelt«, sagte mein Vater. Und er stellte die meisten Fragen.

Ende November, mitten in den Vorbereitungen für das Chanukkafest, kam ein entfernter Cousin meines Vaters auf Besuch. Er hieß Miguel Saportas, sprach nur Ladino und reiste mit Apparaten für Schwerhörige. Miguel war groß und trug einen mächtigen türkischen Schnauzer, der seine Lippen verdeckte. Er hatte auch einen riesigen runden Bauch, den meine kleineren Geschwister vergnügt abklopften, um herauszufinden, ob sie ihm irgendwelche Töne entlocken konnten. Über Jerusalem wusste er kaum Bescheid, aber auf Rhodos kannte er die meisten Leute. Da die Familie meines Vaters von dort stammte, warteten wir ungeduldig darauf, dass er endlich mit dem Erzählen anfinge. Er sprach von meiner Großmutter väterlicherseits, deren Hände, beim Sticken oder Kochen, wahre Wunder vollbracht hatten. Er sprach auch von den großen Häusern, in deren Innenhöfen glasklares Wasser aus antiken Brunnen plätscherte, von den roten Fesen auf den Köpfen meiner Onkel und von den Eskapaden meiner Tante Lia.

Natürlich war Miguel Saportas nicht gekommen, um uns mit seinen Erzählungen zu unterhalten. Er erwartete, dass ihm mein Vater helfen werde, die Hörgeräte zu verkaufen, die wie kleine Ohrmuscheln aussahen und mit einer Batterie, nicht größer als eine Münze, betrieben wurden. Miguel sagte, in diesen Apparaten liege unsere goldene Zukunft, denn überall gäbe es Leute, die einen nicht verstünden. Und während er auf uns einredete, legte er die Kataloge und Vorführgeräte auf den Tisch. Wir bestaunten diese Wunder der Wissenschaft und sahen im Geiste schon lange Schlangen von Schwerhörigen und Tauben vor unserer Haustür stehen, die gierig nach den Apparaten griffen und uns Bündel von Geldscheinen entgegenstreckten, die wir an meine Mutter weiterreichten, die mit dem Geldzählen kaum nachkam und den Teil, der uns zustand, in ein blaues Kästchen mit arabischen Mustern steckte. Dieses Kästchen war ein Geschenk meiner Großmutter, unsere Sparbüchse für die Reise nach Jerusalem. Miguels Worte faszinierten uns genauso wie die Amulette mit dem Buchstaben Schin, die er uns als Geschenk mitgebracht hatte. Wir sollten sie uns umhängen, sagte er, dann würden uns die Heerscharen der Engel und Erzengel schützen, die immer um Schadai sind, den Hüter der Tore Israels. Ich bekam einen bläulichen Buchstaben Schin, Victoria einen rötlichen und Marta einen marmorfarbenen. Meinen Eltern hatte er Bücher mitgebracht und ein griechisches Tischtuch, das mit den Göttern des Olymp bestickt war. Victoria warf es sich um die Schultern, ehe es über den Tisch gebreitet wurde, und sagte, sie sei Kybele, die Göttin, die über die Erde herrscht.

Mein Vater jedoch erlag nicht der Verlockung des Reichtums, der über uns kommen würde, wenn er sich auf das Geschäft mit den Hörgeräten einließe. Er wusste, dass er nicht dazu taugte, um Rechnungen auszustellen und einzutreiben, um sich beim Feilschen zu behaupten und einem reichen Kunden nach dem Mund zu reden. Oder um mit einem schnellen Blick zu erkennen, ob einer, der so einen Apparat dringend brauchte, ihn überhaupt bezahlen konnte. Nein, seine Berufung sei die Mechanik, sagte er, und von ihr wolle er nicht lassen, selbst wenn er mit ihr zur Hölle führe. Während sie meinem Vater zuhörte, strich meine Mutter sich über die Lider, sagte aber nichts. Auch wir sagten nichts, denn wir wussten, das war sein letztes Wort und jede weitere Diskussion zwecklos. Wenn meine Großmutter mütterlicherseits dabeigewesen wäre, dann hätte sie sich grün und blau geärgert. Geschäftemachen war für sie viel wichtiger und wertvoller als Maschinenerfinden.

32

Miguel Saportas blieb bei uns wohnen, während er sich bemühte, seine Hörgeräte an den Mann zu bringen. Er hatte seine Koffer in Chaims ehemaligem Zimmer verstaut, in dem er auch sein Geschäfts- und Kontaktzentrum einrichtete. »Denn wer nicht heute kauft, kauft morgen oder spätestens, wenn er stocktaub ist.« Er lachte, während er das sagte, und entblößte seine Zähne, die ganz braun waren, weil er ständig Süßholz kaute. Für unsere Gastfreundschaft entschädigte er uns mit Milchbrot und Wurstwaren, die er in rauen Mengen kaufte, als müssten wir uns darauf vorbereiten, zwei Jahre in einem Kellerversteck zu verbringen. Er kannte kein Maß, schon gar nicht, wenn es sich um Frankfurter, Krakauer, Mortadella oder Salami handelte. Obwohl meine Mutter nicht gerade erfreut war über diese verbotenen Nahrungsmittel, die nur in der Not der Verbannung gegessen werden dürfen, untersagte sie ihm nicht, sich an ihnen zu vergreifen. Wir kosteten nur davon, denn die Höflichkeit gegenüber einem Gast erforderte eben Opfer und lässliche Sünden, so stand es geschrieben. Wir begriffen nicht, wie ein Mensch, der reines Ladino sprach, unreines Fleisch essen konnte, aber es geschahen ja genug der unglaublichen Dinge. Um das Geschirr, das wir benutzten, reinzuhalten, kaufte meine Mutter für Miguel Saportas eigene Teller, die Zoila jedesmal, wenn er Schweinefleisch gegessen hatte, mit kochendem Wasser abwaschen musste. Zu Hause wurde vieles geduldet, und was man nicht dulden konnte, wurde zweimal gewaschen.

Mit Miguel Saportas hielt der Tango bei uns Einzug. Seine Begeisterung für diese Musik übertrug sich auf meinen Vater und auf Herrn Sudit, und ich glaube sogar auf meine Mutter. Sie sagte es zwar nicht und hielt weiterhin strenge Trauer um ihren Bruder, aber sie protestierte auch nicht, und wir konnten sehen, wie ihre Finger sich im Rhythmus einer Milonga oder eines Liedes von Gardel bewegten. Auch das war typisch für unseren Gast: dass er nur das alte Spanisch unserer Vorfahren sprach, aber den Dialekt der Vorstädte von Buenos Aires liebte und manche Wörter davon in seine Sprache aufgenommen hatte (was ihm, wie er wohl dachte, ein weltmännisches Flair verlieh). Er behauptete sogar, viele Tangotexte stammten von ihm. Während Miguel Saportas zusammen mit uns den Schellackplatten lauschte, die er mitgebracht hatte, nippte er an seinem französischen Pastis und kratzte sich mit einem Ring, den er am kleinen Finger trug, am Kinn. Mit Miguel kamen Welten ins Haus, die uns bis dahin unbekannt gewesen waren. Und da meine

Mutter von diesem Chaos heiterer und tragischer Momente gefesselt war, konnten sich die neuen Töne bei uns ungestört breit machen. Herr Sudit zum Beispiel schmetterte alle Nase lang eines dieser melancholischen Lieder, die aus seinem Mund freilich kaum zu verstehen waren, und schwärmte von der Stadt Buenos Aires, wobei seine Beschreibung so ungenau blieb, dass wir uns fragten, ob er sie von einem Schiff aus oder nur auf einer Ansichtskarte gesehen hatte.

In dem Jahr, in dem wir immer noch nach Jerusalem fahren wollten, überraschte uns meine Schwester Victoria mit einem Tango, den sie mit Miguel Saportas aufs Parkett legte. Sie tanzte so meisterhaft, dass der entfernte Cousin meines Vaters mitten im Tanzen innehielt und ihre Künste, wie einst Salomon die der Königin von Saba, zu lobpreisen begann. Meinem Vater fielen fast die Augen aus dem Kopf. Es stimmte schon, was meine Großmutter vorausgesehen hatte: Man musste Victoria auf Schritt und Tritt überwachen, sonst konnte man sie später nicht mehr verheiraten.

Tangos und Schweinswürste, da fehlte nur noch, dass Onkel Chaim wieder auferstand. Und so geschah es.

33

Miguel Saportas, der jeden Tag um sieben außer Haus ging und erst zum Abendessen zurück war und dazwischen angeblich Kunden und Labyrinthe besuchte, wo er auch mit Stoffen und Schuhen handelte, schaffte es, dass Chaim sein sündhaftes Dasein verwarf, und überbrachte uns die Nachricht, dass mein Onkel in der Synagoge öffentlich um Verzeihung bitten wolle. Meine Mutter weigerte sich, Miguel auch nur anzuhören, denn was auch immer mit Chaim los war, lag jenseits ihrer Vorstellungskraft. Ihr Bruder war tot, und als Toter würde er so lange nicht auferstehen können, bis wir unter der Erde nach Jerusalem reisten, was bekanntlich erst beim Weltuntergang geschehen wird. Also war es ihr egal, ob Chaim sich Asche aufs Haupt streuen wollte oder nicht. Aber wir, die grundsätzlich jedem Ereignis nachspürten, das sich bei Tisch nicht hatte klären lassen, brannten vor Neugierde, was sich zwischen Onkel Chaim und Miguel Saportas abgespielt hatte. Und so lauschten wir heimlich an der Tür, hinter der mein Vater mit seinem entfernten Cousin redete. Zwar konnten wir nur jedes zweite Wort vernehmen, aber den Rest reimten wir uns zusammen, und was immer noch unklar blieb, das ergänzte Victoria mit eigenen Informationen. Ohne dass wir davon wussten, hatte sie sich weiter mit meinem Onkel getroffen und bei ihm zu Hause gegessen, und ihr war nicht die Zunge verdorrt, wie man hätte erwarten können, weil sie sich ins Zentrum der Sünde begeben hatte.

Miguel Saportas war auch ein Enzyklopädist des Unbekannten und ein Spezialist in überraschenden Wendungen. Vor allem aber verstand er es, diskret und gnadenlos zugleich die Probleme anderer Leute zu lösen. Das war von seiner Mutter auf ihn gekommen, die dafür in der jüdischen Gemeinde von Saloniki berühmt gewesen war. Von ihr hatte er auch die Kunst des Argumentierens und des Überredens gelernt (nur bei meinem Vater kam er damit nicht an). Er war der geborene Unterhändler. Außerdem spürte er das unstillbare Verlangen, unter den Menschen für Ausgleich, Harmonie und Toleranz zu sorgen. Aber in den Augen meiner Mutter war er nur ein Störenfried, der sich in fremde Angelegenheiten mischte. Deshalb wollte sie nicht hören, was er von meinem Onkel Chaim erzählte, und starrte ihn nur an wie eine Schlange, die es mit einem Mungo aufnimmt. »Totenerwecker – dass ich nicht lache! Nur der Herr über das Universum ist dazu befugt«, sagte sie und scheute sich nicht, Zoila konkrete Anweisungen zu geben: »Du musst mir helfen, diesen Ketzer aus dem Haus zu ekeln. Gib ihm freche Antworten, streu ihm Sand ins Essen, lass Öl auf seine Hemden tropfen, sammle Kakerlaken und steck sie ihm unters Kopfkissen!« Aber der Kampf gegen Miguel Saportas dauerte nicht lange, und meine Mutter sollte ihn verlieren.

34

Zuerst war der Rabbiner dagegen, dass Chaim in der Synagoge um Verzeihung bat, schließlich war seine Sünde ein individuelles Vergehen gewesen und keine Missetat gegen die Gemeinde. Nicht jeder Rabbiner ist ein Baruch Spinoza oder ein Uriel Acosta und weiß sich gleich Rat. Unserem Rabbi war noch nie im Leben ein solcher Fall untergekommen, und das Wenige, das ihm dazu einfiel, hatte er in Geschichtsbüchern gelesen – oder vielleicht im Talmud, an einer Stelle, an die er sich nicht genau erinnern konnte. Soviel er wusste, war die öffentliche Buße, wie sie Miguel Saportas vorgeschlagen hatte, nur bei Ketzern oder Konvertiten üblich. Der Rabbiner, der unsere Familie zum ersten Mal in vollständiger Besetzung vor sich sah, duftete nach Orangenblüten und hatte noch größere und noch buschigere Augenbrauen als in unserer Erinnerung. Er sprach so langsam, als würde er jeden Moment einschlafen, und versuchte uns von seiner Meinung zu überzeugen, indem er alles doppelt und dreifach sagte. Aber Miguel Saportas war hartnäckig und verfügte über ein erstaunliches Gedächtnis, aus dem er Sprüche von Schriftgelehrten und Passagen aus heiligen Büchern schöpfte; er wusste auch von Fällen zu berichten, die sich in weit entfernten Gemeinden zugetragen hatten, und verwies auf Geschichten, an die er fest glaubte, weil er sie seit seiner Kindheit kannte und weil seine Mutter ihm versichert hatte, sie seien so wahr wie das, was sie den Leuten aus der Hand las. Und je länger er redete, umso mehr veränderte sich alles um uns herum. Das Büro des Rabbiners und der Rabbiner selbst, sein Schreibtisch und die Stühle, auf denen wir saßen, die Wände und der Bücherschrank, in dem großformatige Bände des Babylonischen Talmud standen, verwandelten sich in ferne Länder, in blühende Landschaften, in Häuser, in denen Menschen vorm Kamin kauerten, in Synagogen mit hohen Wänden, in denen gelehrte Männer miteinander diskutierten und ganze Kapitel der Mischna aus dem Gedächtnis zitierten. Und eine Art Wunder geschah, denn wir verstanden alles, was Miguel Saportas sagte, diese Mischung aus Ladino und Tangospanisch, in die auch türkische und griechische Brocken einflossen.

Später, als wir um einen Tisch im Café Tárregas saßen, flüsterte mir meine Schwester Victoria ins Ohr, jetzt sei die Reise nach Jerusalem sicher. Wir bräuchten nur Miguel Saportas zuzuhören, dann würden wir sehen, was uns erwartete, und könnten uns in der Stadt des Königs David nicht mehr verirren. Victoria war begeistert vom Cousin meines Vaters, und das war meiner Mutter gar nicht recht. Doch sie sagte nichts, sondern begnügte sich damit, meiner Schwester auf die Zehen zu treten, wie sie es jedes Mal tat, wenn Victoria, die Augen und den Mund weit aufgesperrt, an Miguels Lippen hing und sich von seinen Worten forttragen ließ. Ich musste lachen. Wenn wir es je bis in die Stadt aus Gold schaffen, dachte ich, dann werden sie uns wohl in einen Käfig sperren und in den Dörfern und Städten Israels als Kuriosität herumzeigen.

Die öffentliche Reue meines Onkels Chaim wurde für den Montag vor Chanukka festgesetzt, mit einigen Einschränkungen, denn der Rabbiner wollte nicht, dass sie zu einem Spektakel verkam und Miguel Saportas sich als Abgesandter des Messias aufspielte. Der Rabbiner bedingte sich aus, dass Chaims Auftritt nicht lange dauern dürfe und möglichst unauffällig vor sich gehen müsse, wie eine Familienangelegenheit, um keinen Raum für unangemessene Kommentare oder halbherzige Gebete zu bieten. »Wenn die Leute schon vorher wissen, was auf der Tagesordnung steht, dann werden sie nicht richtig beten, sondern nur auf Chaim achten und auf die Sünde, die er bekennen wird.« Wir akzeptierten das, und um den Rabbiner vollends zu beruhigen, versprach Miguel Saportas, an der Feierlichkeit gar nicht teilzunehmen. Aber er nahm daran teil, sehr zum Unwillen des Rabbiners und zum Leidwesen meines Vaters, denn Miguel war sein Cousin, und irgendwie fühlte er sich für ihn verantwortlich.

35

An dem Tag, an dem mein Onkel Chaim in der Synagoge um Vergebung bat, machte sich Zornverflogen aus dem Staub. Oder er wurde unsichtbar, denn mein Bruder Joaquín suchte jeden Winkel nach ihm ab, ohne auch nur eine Feder zu finden. Natürlich nahm Victoria das Verschwinden des Vogels als ein Zeichen, vermochte es aber nicht zu deuten. Hatte es mit Chaims bevorstehender Rückkehr in den Schoss der Familie zu tun? Wenn diese Interpretation zutraf, dann war die Spottdrossel woandershin geflogen, um da einen leeren Platz auszufüllen. Laut Lukretius, dessen Schriften meine Schwester fast auswendig kannte, gibt es keine leeren Räume, sondern Verschiebungen, und wenn ein Körper sich bewegt, dann wird die Stelle, die er eben noch eingenommen hat, sofort von einer anderen Materie besetzt. Diese Theorie der Leere löste am Tisch heftige Diskussionen aus, und wir verliehen unseren Argumenten Nachdruck, indem wir mit den Löffeln auf den Tisch schlugen. Obwohl ihr das gegen den Strich ging, hielt sich meine Mutter zurück, erstens, weil sie keine Suppenspritzer abbekommen wollte, und zweitens, weil sie grundsätzlich nicht daran interessiert war, die Leere zu begreifen. Die schmerzliche Trauer um Chaim hatte sie ausgezehrt. Übrigens ist es auch möglich, dass der Vogel Teil meines Onkels war, jener Teil nämlich, der nicht gestorben war, als meine Mutter das Cherem über ihren Bruder verhängte. Meinem Bruder Joaquín waren diese Theorien egal, er schluchzte in einem fort und schneuzte sich in den Schmusefetzen, den er zum Einschlafen heimlich mit ins Bett nahm. Was ist schon ein Pirat ohne Papagei auf seiner Schulter? Nichts als ein Schatten, der unbeachtet durchs Haus irrte. Wir waren ein Häuflein Verrückter ohne klinischen Befund, das lag uns im Blut und wurde von der Umgebung, in der wir lebten, noch gefördert. Zoila war die Einzige, die sich nicht anstecken ließ, sie entkam dem Delirium bei Tisch, indem sie ein Lied sang oder Zitronenholz lutschte, diese Stäbchen, die vor Fieber und Karies schützen, und davor, dass einem ein Kobold den Verstand raubt.

Der Auftritt meines Onkels Chaim in der Synagoge war gleich am Morgen vorgesehen. Wegen der langen Suche nach dem Vogel und den kurzen Schritten meiner Mutter und weil sich mein Vater in letzter Minute noch eine Idee für die Brotfabrikmaschine aufschreiben musste, waren wir spät dran. Mein Vater hasste das Zuspätkommen, er hielt es für ehrlos, einen Termin, also eine Verpflichtung, nicht einzuhalten. Vor allem an einem Tag wie diesem, an dem es um die Familienehre ging. Doch als wir zur Synagoge kamen, war sie noch verschlossen, und wir mussten im Hof warten. Meiner Mutter war die Nervosität deutlich anzumerken, sie atmete mühsam, als sei ihr das Kleid zu eng. Neben ihr Herr Sudit, ernst und starr wie eine Statue, eine blaue Krawatte mit einem Schneckenhausmuster um den Hals. Seine Füße steckten in dunklen Filzpantoffeln; wegen seiner verwachsenen Zehen trug er schon lange keine Lederschuhe mehr. Wir wunderten uns darüber, dass er im Laufschritt, zu dem uns mein Vater angetrieben hatte, nicht zurückgeblieben war; er hatte ohne zu murren mitgehalten und war nicht einmal außer Atem. Wahrscheinlich lag das Geheimnis darin, dass unser Ziel die Synagoge war. Die Vorfreude hatte seine Lungen erweitert und ihm die Kraft der Jugend verliehen. Er war ein als Fabrikbesitzer verkleideter Chasside.

Wir hatten Herrn Sudit gebeten mitzukommen, weil wir hofften, in seiner Begleitung weniger aufzufallen, denn die Männer, die jeden Tag zum Minjan zusammenkamen, würden sich bestimmt fragen, was diese Ketzerfamilie an einem Montag an diesem Ort zu suchen hatte.

Der Hof hinter der Synagoge war groß und voller Gewächse, die in allen Farben blühten. Topfpflanzen, Schlingpflanzen und in der Mitte drei duftende Zitronenbäume. Hier hatten wir an den großen Festtagen gespielt, waren auf die Bäume geklettert und hatten zwischen den Blumentöpfen und an den von Efeu überwucherten Mauern Verstecken gespielt. Wasser plätscherte aus einem Brunnen, es hörte sich wie Gesang an. Doch darauf achtete meine Mutter nicht mehr, als ihr Bruder den Schauplatz betrat. Chaim trug einen weißen Zweireiher mit einer roten Nelke im Knopfloch, einen breitkrempigen Hut, zweifarbige Schuhe und eine schwarze Krawatte. Man hätte ihn für einen Zuhälter aus einem karibischen Hafenviertel halten können, es fehlten nur die Frauen um ihn herum. Er sah überhaupt nicht wie ein reuiger Sünder aus, sondern als sei er zum Tanzen oder Klavierspielen gekommen. Der Gesichtsausdruck meiner Mutter wurde hart und ablehnend, ihr Körper stocksteif, und sie stieß ein dumpfes Ächzen aus, so ähnlich wie die Maschine meines Vaters, als sie ihren Geist aufgab. Hinter meinem Onkel, aber nicht in seinem Gefolge, trafen andere Männer ein, unter ihnen der Rabbiner. Es waren viel mehr, als wir gedacht hatten, was bedeutete, dass sich die Nachricht in der Gemeinde herumgesprochen hatte. Meine Mutter schrumpfte wie nass gewordenes Pergament. Wir betraten die Synagoge im Windschatten von Herrn Sudit.

Während des G-ttesdienstes war es mucksmäuschenstill. Seit den Zeiten Abrahams, als die Welt aus Wörtern geschaffen wurde, haben wir Juden gern und viel geredet, manchmal vergessen wir uns sogar im Gebet und fangen an, uns zu unterhalten, und dann muss der Rabbiner den G-ttesdienst unterbrechen und die Gläubigen ermahnen, endlich den Mund zu halten. Und da unser G-tt nicht zu sehen ist, redet auch Er. Aber an diesem Montag waren alle Münder wie zugenäht, erst der Rabbiner brach mit dem Morgengebet das Schweigen.

Nachdem die Tora gelesen worden war, bat mein Onkel um Vergebung. Er tat es vom Tor aus, wo er sich etwas Asche aufs Haupt streute und darauf wartete, dass ihm gestattet werde, den Fuß in die Synagoge zu setzen. Dann murmelten der Rabbiner, Herr Sudit und mein Vater gemeinsam ein paar Sätze, der Rabbiner gab meinem Onkel ein Zeichen, und dieser trat unter einem großen, schweren litauischen Tallit über die Schwelle. Als er den Gebetsmantel zurückschlug, sah man, dass er weinte, und dieses Weinen öffnete die Münder. Man hörte Seufzer, zufriedene wie bösartige Kommentare, schnell heruntergeleierte Gebete, unterdrücktes Kichern. Dann wurde der G-ttesdienst fortgesetzt, und als die Andacht vorüber war, gingen wir in den Nebenraum frühstücken.

Während der ganzen Zeremonie war meine Mutter reglos dagestanden, wie eine Salzsäule. Sie rührte sich auch dann nicht, als Miguel Saportas in die Synagoge marschiert kam, stolz und selbstsicher, wie zur Entgegennahme eines hohen Ordens. Er hatte sein Wort gebrochen, und deshalb verfinsterte sich das Gesicht meines Vaters und mit ihm Herrn Sudits Gesicht und das des Rabbiners.

An diesem Tag, an dem mein Onkel in der Synagoge um Vergebung bat, schmeckte uns das Frühstück nicht. Denn jetzt standen wir als eine Familie da, die die Synagoge für einen Auftritt missbraucht hatte, als wirkliche Ketzer also, auch wenn mein Vater seinen Cousin vor allen Leuten zur Rechenschaft zog. Er sagte, dass er ihn nicht mehr bei uns zu Hause sehen wolle, aber Miguel Saportas lächelte nur und wedelte fröhlich mit der Hand. Er fand es ganz in Ordnung, dass er entgegen seinem Versprechen den G-ttesdienst gestört hatte, die Leute sollten wissen, wer die Sache mit Chaims öffentlichem Bußgang eingefädelt hatte. Miguel Saportas' fehlende Einsicht brach meinem Vater fast das Herz, und zum ersten Mal stellte sich der Rabbiner auf seine Seite.

Das Frühstück schien ewig zu dauern, die Sardinen und das Brot wollten nicht weniger werden, und über uns wehte ein bitterer kalter Hauch. Zwei Mumien, meinen Vater und meine Mutter, sahen wir an diesem Tag, an dem Chaim wieder auferstand. Und einen Knallkopf, Miguel Saportas, der uns in Verruf gebracht hatte und gegenüber allen Vorhaltungen taub war, taub wie die Käufer seiner Hörgeräte. Meine Schwester Victoria war die einzige, die kräftig zulangte, sie war mit ihren Gedanken woanders, in ihrer eigenen, unergründlichen Welt.

Zu Mittag verließ Miguel Saportas unser Haus, unter vielen Dankbezeugungen, dabei hatte ihn mein

Vater hinausgeworfen. Ehe er die Tür hinter sich zuzog, sagte er noch, er werde uns schreiben und Geschenke schicken. Dann war nur noch sein Geruch da, nach englischem Rasierwasser. Für meinen Vater ein Baalsgeruch, weshalb er mehrmals ausspuckte. Meine Mutter sagte nichts, sie hatte innerlich schon die ganze Zeit ausgespuckt, sie fühlte sich wie in eine Kammer gesperrt, in der alles klebrig war und feucht.

36

Den Rest der Woche herrschte bei uns Katerstimmung, und Zoila musste den Haushalt führen. Sowohl mein Vater als auch meine Mutter liefen mit langen Gesichtern durchs Haus. Außerdem war es so kalt geworden, dass wir wieder Zitronensaft trinken und heiße Gesichtsdampfbäder nehmen mussten. Die Fenster wurden nur zu Mittag einen Spalt breit geöffnet, und das Abendessen wurde früher als sonst aufgetragen. In dieser Woche blieb es ruhig am Tisch, allein Herr Sudit ging gegen die Stille an in seinem Kauderwelsch, das wir inzwischen perfekt verstanden, weil wir es so oft gehört hatten und seine Handbewegungen richtig zu deuten wussten, so wie wir auch Miriam verstehen konnten, wenn sie etwas brabbelte, ohne den Schnuller aus dem Mund zu nehmen. In dieser Woche gab es nur Lauch und Gurken, Haferschleimsuppe und Früchtetee.

Meine Schwester Victoria nannte sie die »philosophische Woche«, und unter dieser Bezeichnung ging sie auch in ihr Tagebuch ein, ein kartoniertes Heft mit vielen Blumen auf dem Umschlag, die sie mit einer aus Erde gewonnenen Tinte gezeichnet hatte. Dieses Tagebuch war die Chronik unseres Hauses. Victoria las uns oft daraus vor, und dann stritten wir mit ihr über ihre Aufzeichnungen, denn meine Schwester mischte Fantasie mit Wirklichkeit und gab frei erfundene Dinge als tatsächlich geschehen aus. Sie behauptete zum Beispiel, dass in dem Moment, in dem sich Herr Sudit in der Synagoge zur Tora erhoben habe, das Niesen von erkälteten Engeln zu hören gewesen sei, worauf der Rabbiner unter den Betenden nach dem Störenfried gesucht habe. Doch diese Debatten fruchteten nichts, denn Victoria verteidigte sich mit dem Argument, die Vergangenheit sei nicht das Geschehene, sondern das, wovon wir wünschen, dass es geschehen wäre. Und deshalb dürfe sie auch schreiben, dass die Königinmutter zum Dinner zu uns gekommen sei und einen Korb voll Sterne als Geschenk mitgebracht habe. Das alles sei möglich, also »wirklich«, auch wenn es keiner von uns gesehen habe. Aber wie hatte Victoria es dann sehen können? Statt einer Antwort kniff sie nur ein Auge zu und bewegte flink ihre Finger auf dem Tischtuch hin und her, was nur heißen konnte, dass sie auf einem Klavier spielte mit Tasten, die uns nicht geläufig waren.

Die »philosophische Woche«, in der alle Tangoplatten in einer Schachtel verstaut und in den Keller verbannt wurden, damit nichts mehr an Miguel Saportas erinnere, endete damit, dass wir Zoilas Lieblingsmusik verfielen, den Trommeln und Trompeten, die aus dem kleinen kaffeebraunen Radioapparat in der Küche kamen. Wir hörten die Schlager von Celia Cruz und der Sonora Matancera aus Kuba, die Victoria offenbar schon kannte, denn sie machte Tanzschritte dazu. Die hatte sie Zoila abgeguckt, die beim Kochen immer tanzte (und wenn sie die Beine durcheinander brachte, fast die Suppe verschüttete). Jedenfalls war die Küche in dieser Woche unser Nachtklub, in dem karibische Kapellen aufspielten und dunkelhäutige Männer in geblümten Hemden Lieder sangen und Maracas schüttelten und Klavier spielten. Vielleicht hatte meine Mutter etwas gemerkt, doch ihr prekärer Zustand erlaubte ihr keine Attacken auf dem Feld der Fantasie. In unserem imaginären Cabaret vergaßen wir uns bei der Musik von Negrito del Batey, Yerberito oder Burundanga, tanzten Cha-cha-cha und Merengue, zündeten uns Zigaretten an, tranken gepanschten Champagner und genossen es, Schwarze unter Schwarzen zu sein, denen das Tanzen im Blut liegt. Meine Großmutter wäre vor Entsetzen ohnmächtig geworden, wenn sie geahnt hätte, was sich in den Köpfen ihrer Enkel abspielte. Die Schuld hätte sie natürlich meinem Vater gegeben, diesem unnützen Erfinder nutzloser Maschinen.

37

Zu Chanukka trafen Geschenke von meiner Großmutter und von Reuvén Toledo ein. Letzterer legte einen Brief bei, in dem er schrieb, die irischen Frauen seien wie billiger Whiskey, weil sie schreckliches Kopfweh verursachten. Deshalb sei er jetzt mit einer Andalusierin zusammen, die ihn »mein Gebieter« nenne, ein paar Jahre älter sei und außerdem viel Geld habe. Sein Geschenk war eine Schatulle mit Seidenservietten, die mit den Initialen meiner Mutter bestickt waren. Und unter den Servietten lagen acht kleine Kinderbücher. Victoria bekam eins mit keltischen Sagen, worauf sie zu schwärmen anhob, was für ein wunderbarer Mann Reuvén Toledo sei. Damit sie den Schnabel hielt, zog meine Mutter sie am Rockzipfel. Sie freute sich zwar auch, über die Servietten, aber die Geschenke waren für sie kein Grund, den Freund meines Vaters über den grünen Klee zu loben. Letzten Endes sei Reuvén Toledo kein guter Umgang, und die Schweinereien, die er meinem Vater schreibe, seien Kinderohren nicht zuträglich, die Briefe dürfe man eigentlich nur verschlüsselt vorlesen. Im Paket meiner Großmutter und meiner Tanten waren Hemden und Strümpfe sowie eine Tafel Schokolade. Und für meine Mutter ein Kuvert, sicher mit einem Scheck (sie sagte nie, wie viel Geld es war), und ein Brief, in dem meine Großmutter abwechselnd über ihre Leber jammerte und ihre Tochter beschwor, meinen Vater davon abzubringen, unbrauchbare Dinge zu erfinden. Für ihn schickte sie eine Jacke, die ihm zu klein war. Also bekam ich sie.

Es war meine Tante Lia, die Chanukka erst zu einem richtigen Fest machte. Sie brachte eine Menge Pfannkuchen und Torten mit, entzündete die Kerzen am achtarmigen Leuchter und setzte als Erste den Dreidel in Bewegung. Gespannt warteten wir, auf wen der Kreisel mit den hebräischen Buchstaben zeigen werde. Der musste dann die richtige Antwort geben und wurde dafür mit einer Süßigkeit belohnt oder durfte das Geschenk suchen, das die Erwachsenen irgendwo im Esszimmer versteckt hatten. Wir hatten Tante Lia sehr gern, weil sie immer fröhlich war, hübsch anzusehen und jederzeit bereit, sich in die Küche zu stellen und die köstlichsten Gerichte herzuzaubern, auch wenn nur Gurken und Auberginen da waren. Ihr einziger Fehler war, dass sie die Töpfe und Pfannen immer anbrennen ließ, worüber Zoila dann maulte. Wir mochten Tante Lia auch wegen ihrer spitzen Bemerkungen, mit denen sie immer ins Schwarze traf, aber keinem wehtat, und weil mein Vater ihr vertraute. Für ihn war sie nie gestorben, auch wenn sie mit einem halben Engländer zusammenlebte, den meine Eltern nicht leiden konnten, weil sie wussten, dass er sie mit anderen Frauen betrog. Aber Tante Lia liebte diesen Weiberhelden. Bei Tisch durfte man also mit ihr reden, aber nicht über sie, weder gut noch schlecht oder darüber, wie sie die Worte der Propheten auslegte. Wir mussten warten, bis sie sich zu uns an den Tisch setzte oder bis wir ihr auf der Straße begegneten, dann erst durften wir sie ansprechen und lachen und atmen hören, aber wenn sie nicht da war, war sie bloß eine leere Gauß'sche Glocke, die zerspringen konnte, wenn man sie antippte. Wir wussten, dass die Tante ein wackliges Brett im moralischen Gerüst meines Vaters war, eine Akrobatin, die auf einem Einrad über ein Drahtseil balancierte und beim geringsten Stoß abstürzen konnte. Sie existierte nur, solange sie mitten unter uns war. Deshalb behielten wir Tante Lia in guter Erinnerung.

Die große Überraschung an diesem Chanukkafest war das Wiedersehen mit Chaim und Rivka. Sie kamen uns besuchen, nachdem wir schon mit dem Essen fertig waren. Meine Schwester Marta war vor Freude ganz aus dem Häuschen und umklammerte die Beine meines Onkels. Meine Mutter stand vom Tisch auf, um sie von Chaim zu trennen, denn Martas Begeisterung kam ihr übertrieben vor. In diesem Moment spiegelten sich ihre Augen in denen ihres Bruders, und sie begann zu weinen und zu zittern und ließ es zu, dass

Chaim ihre Hände ergriff und sie auf die Wange küsste. Diese Szene bewegte meine Tante Lia und meinen Vater so sehr, dass sie die Neuankömmlinge aufforderten, sich zu uns an den Tisch zu setzen, während Victoria schon eine von den Weinflaschen entkorkte, die in der Speisekammer für besondere Anlässe aufbewahrt wurden. Sie tat es, ohne um Erlaubnis zu bitten, und keiner verwehrte es ihr. Herr Sudit fuhr sich mit einem Finger unter den Hemdkragen und lächelte. Wir sahen, dass er schiefe schwärzliche Zähne hatte.

38

Die Rückkehr von Chaim und Rivka beruhigte uns alle, insbesondere meinen Vater, der sich in ein Nervenbündel verwandelt hatte. Er sah schon Gespenster und hörte Stimmen: Zoila hatte ihn beobachtet, wie er stundenlang am Fenster stand und sich mit unsichtbaren Wesen unterhielt. Dann habe sie schnell den Segen über sich gesprochen, damit ihr in diesem verhexten Haus kein Teufel in die Nase fahren konnte. Die Vorstellung, dass unser Haus von Hexen besetzt war, elektrisierte meine Schwester Victoria, und zwei Tage lang sahen wir sie durch die Räume huschen und ein selbstgebrautes Antihexenwasser in jeden Winkel spritzen. Dabei murmelte sie absonderliche Gebete, die vermutlich aus einem ihrer verbotenen Bücher stammten. Es könnte aber auch sein, dass Zoila, die etwas von Exorzismus und Voodoo-Zauber verstand, ihr die Beschwörungsformeln beigebracht hatte. Wer weiß, was passiert wäre, wenn meine Mutter Wind von der Sache bekommen hätte. Sie wirkte zwar nach außen wieder ruhig, doch wir wussten, die Wunden waren noch lange nicht verheilt. Deshalb ging Victoria bei ihrer Hexenaustreibung sehr behutsam vor, und wir taten unser Möglichstes, sie dabei zu decken. Jedes Mal, wenn meine Mutter Victoria gefährlich nahe kam, zogen wir ihre Aufmerksamkeit auf uns, indem wir zu weinen oder zu brüllen anfingen. Irgendetwas, glaube ich, muss sie trotzdem geahnt haben, denn Victoria und Zoila liefen an diesen beiden Tagen in Kitteln mit großen Blumenmustern herum (wie es die Gebote der Orishas vorschrieben). Aber vielleicht wollte sie es auch gar nicht wissen, weil sie immer noch verbittert war. Sie vermied es, ihrem Bruder allein zu begegnen, und grüßte Rivka nur stumm mit einem Augenaufschlag. Meine Mutter war eben schwer rumzukriegen, genau so schwer wie meine Großmutter. Das Blut in ihren Adern sei mit Olivenöl gemischt, sagte mein Vater. Deshalb brauchte sie länger, um ihre Wut rauszulassen oder um zuzugeben, dass ihr Herz wieder jubilierte.

Rivka, die immer hübscher wurde (eine Folge des Wahnsinns und der Sünde, sagten wir uns), erwähnte beim Kartoffelschälen, ihre Schwester Mindele werde nach New York fahren. Dort wohnten Cousins der Witwe, orthodoxe Juden, die eine Wäscherei besaßen und ihr angeboten hatten, die Buchhaltung zu führen, weil Mindele ordentlich war und gut rechnen konnte. Und dort, in New York, würde sie wohl bleiben. »Und einen von den Cousins heiraten«, sagte meine Schwester Marta, vorlaut wie immer. Worauf meine Mutter sie so fest in den Po kniff, dass sie fast vom Stuhl fiel.

Aber sie brüllte nicht los, sie kämpfte nur mit den Tränen und blickte uns verzagt an, wie eine Versuchsmaus im Labor. Mit so einem Gesicht lief an diesen Tagen auch mein Onkel Chaim herum. Er hatte sich noch nicht daran gewöhnt, wie früher bei uns am Tisch zu sitzen. Man merkte, meine Mutter hatte ihn eingeschüchtert. Sogar seine Witze waren fad geworden und seine Geschichten langweilig. Immer wenn er zu uns kam, sah er aus, als habe er sich eben mit Lauge und Bimsstein geschrubbt, so weiß war seine Haut. Die Enden seines Schnurrbarts hingen traurig über die Mundwinkel, und seine Hände waren verkrampft. Das Leben eines Sünders, auch wenn er Reue gezeigt hat, ist schwer, besonders bei Tisch, wo meine Mutter eine Stimmung schuf, die Chaims schlechtes Gewissen wachhielt, denn sie teilte zwar das Essen aus und schenkte nach, aber jedesmal, wenn sich ihre Blicke trafen, gab sie ihm zu verstehen, sie vergehe vor Schmerz.

Da merkte man, dass mein Onkel immer noch in der Hölle war und seine Seele von glühenden Eisen gepeinigt wurde. Deshalb nahm er die Nachricht von Mindeles Abreise gar nicht richtig zur Kenntnis. Und Rivka starrte auf ihre Hände und fing an, mit den Erbsen auf ihrem Teller zu spielen. Sie reagierte mit einem gezwungenen Lächeln, als Victoria ihr erzählte, dass sie das Buch, das Rivka und Chaim ihr zu Chanukka geschenkt hatten, schon fast ausgelesen habe. Es war eine dicke Schwarte, in der alle Völker, Berufe und Religionen genau beschrieben waren, die Sitten und Gebräuche der Menschen in der Wüste und am Eismeer, im Dschungel und am Himalaya. Victoria hatte uns daraus vorgelesen, den Abschnitt über Jerusalem gleich fünf- oder sechsmal und ziemlich langsam, damit wir jedes Wort behielten, und inzwischen waren uns sogar jedes Komma und jeder Punkt vertraut. Dieses Buch war wie ein riesiger Strom, auf dem wir zwischen Beduinen und Eskimos, Cowboys und Schwarzen dahintrieben, verzaubert von Victorias Stimme, die gleichzeitig las und kommentierte, ergänzte und kritisierte. Alle Abende in diesem Dezember vergingen damit, dass wir meiner Schwester zuhörten. Sie las aber nicht nur aus ihrem Buch vor, sondern auch aus den anderen, die Rivka und Chaim uns zu Chanukka geschenkt hatten. Sogar mein Vater hörte gerne zu, denn Abenteuer und Reisen faszinierten ihn. Ich glaube, diese Lesungen bestärkten ihn in seiner Überzeugung, dass die Reise nach Jerusalem, wenn schon nicht in seiner Macht, so doch nicht in den Sternen stand.

39

Da Victoria Rivka wieder besuchen durfte (was sie auch vorher heimlich getan hatte, selbst in der schlimmsten Zeit), war sie dabei, als Mindele zu den Cousins der Witwe geschickt wurde. Meine Schwester berichtete, Mindele habe sich nicht einmal verabschiedet; sie sei dürr und steif wie eine Fernsehantenne hinter der Witwe hergetrippelt. Außer zwei Koffern und einer in Wachspapier eingeschlagenen Menora habe sie nichts mitgenommen. Als sie mit Rivka und ihrer Mutter in das Auto gestiegen sei, das sie zum Flughafen brachte, sei es plötzlich eiskalt geworden.

Nachdem mein Onkel in die Welt der Lebenden zurückgekehrt war, füllte sich Rivkas Wohnung mit Sofas. Eines war wie ein persischer Diwan, ein anderes viktorianisch, das dritte beschwor erotische Episoden aus dem Leben des Königs David herauf. Victoria war von all den Sofas fasziniert und benutzte sie stilgerecht: Auf das eine legte sie sich der Länge nach hin und stützte den Kopf auf die Hand, beim zweiten setzte sie sich aufrecht in die Mitte, und beim dritten kauerte sie sich in die eine Ecke. Dabei träumte sie vom Namen und Geruch des jeweiligen Sofas, von den

Farben seines Stoffs und vom Schatten, den es warf, vom Schnitzwerk und von den Polsternägeln, deren Köpfe wie Blüten aussahen. Rivka hatte nichts dagegen, dass meine Schwester die Sofas benutzte, um ihrer Fantasie freien Lauf zu lassen. Am anderen Ende des Wohnzimmers saß die Witwe und starrte ins Leere. Ihre Hände lagen auf den Knien, und ihr Gesicht war gelb und blaß, wie von einer lebendigen Toten. Nach Mindeles Abreise hatte sich die Frau mit Hilfe von Schlaftabletten in sich selbst zurückgezogen, und nun musste man sie wie ein Möbelstück von einer Stelle zur anderen rücken.

Dazu hatte Rivka eine Indiofrau angestellt, die hinter der Witwe stand und ihr mit einem Löffel Kompott und in Tee getränktes Brot in den Mund schob. Ich glaube, die Witwe nahm diese Frau gar nicht wahr, die sie jeden Morgen wusch und ankleidete, ihr die Nase puderte und Ohren und Hals parfümierte, bevor sie sie wie eine Vase in eine Ecke stellte. Victoria behauptete, die Indiofrau bespreche die Witwe mit Zauberformeln, aber das nahmen wir nicht ernst, denn in Wirklichkeit fürchtete sich meine Schwester vor der Frau und bildete sich Dinge ein, die sie in Büchern gelesen oder im Kino gesehen hatte. Die Indiofrau war Rivka von einer Nachbarin empfohlen worden, die ihr versichert hatte, dass die Frauen aus dem Urwald ihrer Herrschaft treu ergeben und durch nichts zu erschüttern sind, und deshalb würde sie die

Witwe Tag und Nacht pflegen, ohne sich vor ihren Geräuschen und Speichelfäden zu ekeln.

Victoria und Rivka unterhielten sich oft über Indianerinnen. Die eine wusste zu berichten, dass sie beim Gebären singen, die andere hatte gehört, dass es nicht notwendig sei, ihre Sprache zu erlernen, weil man alles, was sie sagten, an ihren Augen ablesen könne.

Die Gespräche zwischen Rivka und Victoria fanden am Nachmittag statt, wenn die Witwe versorgt war. Sie saßen auf zwei verschiedenen Sofas (wie zwei Römerinnen oder Perserinnen) und kauten Mandeln und Pistazien (wie zwei Eichhörnchen). Der Himmel war nur durch einen Spalt der Fensterläden zu sehen. Rivka war der Magnet, der Victoria anzog, und umgekehrt. Sie brauchten einander, für sich und ihre Gespenster.

40

Meine Mutter behandelte Chaim wie ein Foto. Sie redete mit ihm, gab manchmal auch eine Erinnerung an gemeinsam Erlebtes von sich, brachte es sogar fertig, ihn anzulächeln – das war aber auch alles. Sie wurde nicht mehr richtig warm mit ihm. Chaim war ein Stück Papier, ein regloses Gesicht, eine von der Lampe künstlich erhellte Fläche. Und meine Mutter ein ferner flüchtiger Punkt, ein Streichholz, das kurz aufflammte und gleich wieder erlosch und diesem Foto nur einen Moment lang ein bisschen Leben gab. Die Vertrautheit der beiden miteinander war zerbrochen, für immer und ewig, wie uns schien – aber mein Onkel hatte wieder Platz an unserem Tisch gefunden. Und neben ihm Rivka, mit klarem Blick, in dem sich lesen ließ wie in einem Buch: Eine schwebende oder schwimmende Braut, wie Chagall sie gemalt hat, ein schmales, elegantes Schiff, das leise über unser Meer glitt und Ladegut nur in bestimmten Häfen aufnahm oder Schiffbrüchige, wenn ein Unglück geschehen war. Rivka holte meine Mutter an Bord, auch wenn diese sich nie eingestanden hätte, dass sie an ein Brett geklammert im Ozean trieb. Die beiden Frauen fanden zueinander und bewältigten gemeinsam die Aufgabe, meinen Vater unter Kontrolle zu halten, der sich in seine Korrespondenz mit Reuvén Toledo verloren hatte, bloß um nicht mehr an Barcas und Miguel Saportas denken zu müssen. Er sah in ihnen zwei böse Geister, die seine Brotfabrikmaschine und seinen Namen mit Dreck beschmiert hatten. Er schrieb ohne Unterlass Briefe an seinen Freund, blickte nicht auf, reagierte auf keinen Zuruf und sprach in diesem Monat kaum ein Wort, sodass uns seine Stimme allmählich fremd wurde.

Das Verstummen meines Vaters sowie sein endgültiger Verzicht darauf, die Brotfabrikmaschine funktionsfähig zu machen, versetzten uns in Alarmbereitschaft. Irgend etwas lag in der Luft, aber wir wussten nicht was, und nicht einmal meine Schwester Victoria, die nie um eine Prophezeiung verlegen war, konnte uns sagen, in welche Richtung der Kompass meines Vaters zeigte. Nach Norden, nach Süden? Oder vielleicht hatte er gar keine Nadel mehr, und jeder Versuch, die Vorzeichen dessen, was da kommen sollte, zu deuten, musste scheitern, weil sich nichts mehr bewegte, weil zu Hause alles wie eingefroren war und wir in einem Raum ohne Leben und ohne Tod schwebten, staunende Gesichter, die vor einem Wegweiser nach Jerusalem erstarrt waren. Die ganze Familie reglos, Zoila mit dem Gesicht einer Stoffpuppe.

Den Januar verbrachten wir mit Belebungsübungen, rekapitulierten vergangene Ereignisse und unsere Reaktionen darauf und trainierten den Umgang mit der Zeit sowie die zum Ortswechsel erforderlichen Manöver, sowohl im Haus wie auf der Straße. Uns vermochte nicht einmal die Nachricht zu erschüttern, dass Miguel Saportas in die Fänge einer Christin geraten sei, die ihn dazu gebracht habe, seinem Glauben abzuschwören. Irgendwie hatten wir begriffen, dass dieser entfernte Cousin meines Vaters eine schillernde Gestalt war, einer von denen, die letztlich nichts ernst nahmen. Außerdem bewirkt der Verzehr von unreinem Fleisch, dass man sich in anderen Welten verliert. Dafür gibt es Beispiele im Tenach und im Talmud. Man brauchte sich in Bezug auf Miguel Saportas nicht viele Fragen zu stellen. Er war nämlich die Antwort, die Sünde in Person in unserer Familie.

41

Anfang Februar, als die Hitze unerträglich wurde und der Himmel sich in vielen Blautönen über uns spannte, erschien Reuvén Toledo bei uns. Das Bild, das wir – meine Geschwister und ich – von ihm hatten, beruhte allein auf den Elementen, mit denen er sich uns bisher vorgestellt hatte: seinem Briefpapier, den Briefmarken, Briefumschlägen und seiner schönen, schwungvollen Schrift. Er hat die Handschrift einer reichen Frau, sagte Zoila. Wir hatten ihn erfunden, indem wir seine mit Füllfeder geschriebenen Briefe betrachteten und bei Tisch die Ohren spitzten, wenn von ihm die Rede war. In unserer Vorstellung trug er eine breite Seidenkrawatte, die in allen Farben schillerte, und eine Melone, in deren Hutband eine Papierblume steckte. Dazu einen riesengroßen Koffer, der bis obenhin mit Illustrierten und Bildern von halbnackten Schwedinnen und irischen Frauen vollgestopft war. Meine Schwester Victoria fügte diesem Bild noch eine blaue Brille und einen dünnen chinesischen Schnurrbart hinzu, an dessen Enden zwei rostige Schlüssel hingen. So hatten wir ihn uns ausgemalt, und darum glaubten wir ihm nicht, als er an die Tür klopfte und sagte: »Ich bin Reuvén Toledo.« Wie sollten wir auch einem Fremden glauben, der aussah wie die Schaufensterpuppe eines Herrenausstatters und in nichts dem Wüstling glich, als den ihn meine Mutter hingestellt hatte. Er war elegant und modisch gekleidet, schritt inmitten einer Duftwolke, die uns an meine Großmutter erinnerte, über die Schwelle und strich uns mit schmalen, gepflegten Händen über die Köpfe. Es war also kein Zufall, dass er eine so kultivierte Schrift hatte. Wir waren von ihm beeindruckt, zugleich aber ein wenig enttäuscht, weil er für einen Mann von Welt zu langsam sprach und das R nicht rollen konnte. Jedenfalls umarmte ihn mein Vater, und meine Mutter schenkte ihm ein Lächeln.

Am meisten verwirrte uns die Frau an seiner Seite. Sie war einen Kopf größer als Reuvén, steckte in einem geblümten Kleid und hatte viele Ketten aus bunten Steinen um den Hals hängen. Wir bewunderten ihre schönen weißen Zähne und die leuchtend grünen Augen, die wie zwei Murmeln aussahen. Sie hieß María de las Angustias und war die Andalusierin, die zu Reuvén Toledo »mein Gebieter« sagte. Da wir uns gerade erst zu Tisch gesetzt hatten, luden wir sie ein, mit uns zu Abend zu essen. Die Andalusierin nahm neben Herrn Sudit Platz, der, statt mit ihr Konversation zu pflegen, auf die üppigen Brüste schielte, die sich unter den Halsketten abzeichneten. Er verschluckte sich, bekam einen Hustenanfall, und zwischen dem Husten war das meckernde Lachen meines Onkels Chaim zu hören, das Herr Sudit mit einem anzüglichen Hochziehen seiner rechten Braue quittierte.

Die Andalusierin stocherte bloß im Essen herum und wischte sich dauernd mit der Serviette über den Mund. Sicher war sie verblüfft von der Hast, mit der an diesem Judentisch alle Hände nach etwas griffen; es war ein langer, mit vielen Köpfen bestückter Tisch, über den die Wörter und Wortfetzen nur so flogen, wo einer noch einen Schlag Suppe oder mehr Salat haben wollte, ein anderer eine Frage stellte, der dritte auf eine Frage antwortete, die gar nicht gestellt worden war, die vierte losbrüllte, weil die fünfte sie getreten hatte, und der sechste irgendeinen Propheten beschwor. Herr Sudit rief nämlich immer die Propheten zu Hilfe oder leierte einen Psalm herunter, wenn er nicht weiter wusste, weil er nicht verstand, was die anderen sagten, oder weil sie ihn nicht verstanden.

Die Andalusierin merkte, dass sie auf dem falschen Dampfer war. Sie rollte verzweifelt mit ihren Murmelaugen, als habe sie eine Gräte oder einen Knochen im Hals stecken, aber das war es nicht. Ich glaube, sie begriff in diesem Augenblick Reuvén Toledos innerstes Wesen, sein Durcheinander, seine Zerrissenheit, all das, was sie bisher wohl nicht hatte verstehen wollen, in der Hoffnung, aus ihrem Geliebten einen braven Spanier machen zu können, der am Sonntagmorgen in die Messe ging und am Nachmittag zum Stierkampf.

Aber in dieser Runde wurde ihr klar, dass Reuvén für Markt und Geschrei gemacht war, dass seine Welt ein Tisch wie unserer war, endlose Gespräche und übertriebene Gesten, ausufernde Fantasien und wunderbereite Gesichter, die wie Blinklichter aufblitzten, funkelnd wie die von den Deckenlampen belebten Krüge mit Limonade und Wein. Dass bei uns, gleich wie im Mund von Reuvén, die Welt auftauchte und verschwand, dass das Leben weder Anfang noch Ende hatte, dass wir die Bibel waren und die Ketzerei und dass ihr Gebieter gerade dabei war, sie für einen Teller mit Gurken und zwei gebratenen Auberginen zu verraten. Und als die Andalusierin sah, wie Reuvén sich mit meinem Vater so innig unterhielt, als seien die beiden zwei Hälften ein und desselben Körpers, die endlich zueinander gefunden hatten, da sagte sie, ihr sei nicht wohl, und bat höflich um die Erlaubnis, im Hof etwas frische Luft schnappen zu dürfen. Meine Schwester Victoria beobachtete sie, sah, wie sie weinte und sich auf die Lippen biss. Nach einer Weile kam sie zurück, aber nur, um sich zu verabschieden. Reuvén sah achselzuckend zu, wie sie abzog, und machte keine Anstalten, sie zurückzuhalten oder zu begleiten. Denn er hatte längst eine andere Frau im Kopf, eine Jüdin aus Syrien, mit der er schon Briefverkehr pflegte. Das erzählte er meinem Vater, nachdem die Andalusierin das Haus verlassen hatte, worauf meine Mutter ihm vor Empörung ihren Wein aufs Hemd schüttete.

»Eine Frau betrügt man nicht! Du hättest sie nicht mitbringen dürfen.«

»Ich hab sie ja nicht gebeten mitzukommen. Ich hab nur gesagt, ich fahre weg, und sie hat sich angehängt.«

»Dir wird noch die Zunge verdorren.«

»Sie ist schon verdorrt. Schau!«

Und Reuvén zeigte ihr seine Zunge. Sie war weiß und dick, wie die Zunge einer Kuh. Da musste meine Mutter lachen, und auch wir lachten, weil es unmöglich war, dem Freund meines Vaters böse zu sein. Er war und war nicht von dieser Welt, manchmal sah er aus wie von einem Werbeplakat, dann wieder, als sei er aus Lehm gebrannt. In einem Schulaufsatz hätten wir geschrieben, er sei halb Taube, halb Nilpferd oder halb Apfel, halb Nuss, oder ein Stein aus Luft. Während er redete und mit Händen und Fingern gestikulierte, bewegte sich der Weinfleck auf seinem Hemd mit. Uns fielen schon die Augen zu, und doch hörten wir ihn stundenlang von Barcelona und von Casablanca erzählen, von der Schiffsreise und von all den Liebesbriefen, die er von Frauen erhalten hatte und in einem Kästchen aufbewahrte. Es seien parfümierte Briefe, und er habe sie durchnummeriert und mit Gebetsüberschriften versehen. »Damit sie mir nicht verloren gehen«, sagte er, während wir ihn auftauchen und verschwinden sahen, von einem Film zum anderen.

42

Reuvén Toledo blieb bei uns wohnen und wurde zum dritten Musketier im Haus. Mein Vater, mein Onkel Chaim und er, dazu noch Herr Sudit als eine Art Reserve-D'Artagnan. Herr Sudit war der Älteste, außerdem der Einzige, der die drei Verrückten unter Kontrolle halten konnte, denn sie respektierten ihn und fürchteten seine polyglotte Zunge, vor allem Reuvén, für den die Fähigkeit, so viele Sprachen gleichzeitig zu sprechen, eine besondere Gabe G-ttes war, ein Panzer gegen die Dämonen, eine Möglichkeit, die Welt jedesmal anders zu sehen und immer neu zu erschaffen. Er war beeindruckt, wie Herr Sudit mit Sprüchen aus dem Talmud und dem Midrasch um sich warf, eine Unzahl von Rabbinern zitierte und für das, was er sagen wollte, Wörter erfand, die gegeneinander Krieg führten, einen Krieg, bei dem es keine Sieger und keine Verlierer gab. »Er spricht die Sprache der Schöpfung«, sagte Reuvén Toledo im Brustton der Überzeugung.

Mit Reuvéns Eintreffen war in meinem Vater eine Veränderung vor sich gegangen, die wir uns nie hätten vorstellen können. Aus ihm wurde wieder ein Junge, der lauter Streiche im Kopf hat und Witze erzählt und sich über andere lustig macht. Ganz ähnlich ging es meinem Onkel Chaim, dessen schmales Gesicht sich zu runden begann und die Farben zurückgewann, die es auf den Fotos hatte. Es war, als hätten beide einen Zaubertrank getrunken, der sie in die Zeit versetzte, in der sie zur Schule gegangen waren und die ersten Freundinnen gehabt hatten. Sie holten alte Schallplatten hervor und begannen zu tanzen, und Herr Sudit klatschte zur Musik, die er nie zuvor gehört hatte, die ihm aber irgendwie vertraut sein musste, denn seine Augen glänzten und seine Mundwinkel gingen nach oben. Wir hörten Conga und Foxtrott, Boleros und Son. Die Einzige, die ihr Alter und ihren Platz beibehielt, war meine Mutter. Sie nahm das Treiben um sich fast unbewegt zur Kenntnis. Nur manchmal schüttelte sie lächelnd den Kopf. Und sie hütete sich, ihrer Mutter zu schreiben, was sich bei uns abspielte. Sonst wären meine Großmutter und meine Tanten sofort gekommen, um sie aus dem Tollhaus zu retten.

In diesem Februar, an dessen Ende das Purimfest gefeiert wurde, verwandelte sich unser Tisch in ein Café, durch das Anekdoten und Witze schwirrten, denn mein Vater erinnerte sich an früher, an seine Ängste und Freuden, an den Tag, an dem er meine Mutter zum ersten Mal sah und unfähig war, sie anzusprechen, weil er plötzlich stumm und taub war und sich angezogen unter die Dusche stellen musste, um seine Fassung wiederzufinden. Er erzählte auch von seinen ersten beiden fragwürdigen Erfindungen, von der Maschine zum Rahmabschöpfen und vom mechanischen Besen, der meine Großmutter väterlicherseits um ein Haar das Leben gekostet hätte, weil er ihr zwischen die Beine geriet und sie die Stiege hinunter schubste, und wäre da nicht das Geländer aus Eichenholz gewesen, an dem sich meine Großmutter Josefa trotz ihrer Arthritis festhalten konnte, dann wäre er früh verwaist. »Und frei nach Freud wegen Muttermordes angeklagt worden«, ergänzte Onkel Chaim und erzählte selbst eine Geschichte, von einem Mann, der einen Rüssel wie ein Schwein hatte und die Leute dafür bezahlte, dass sie ihm den Rücken kratzten, denn der Mann war so fett, dass er sich nur wie eine dreieckige Stehlampe fortbewegen konnte. Und dieser Fettsack, dessen Kopfhaut wie Blumenkohl aussah, sei schnaufend und schwitzend hinter ihm hergewesen, sagte Chaim, um ihm seine Liebe zu erklären. Herr Sudit musste erst Herr über sein Gelächter werden, ehe er von einem russischen Polizeiinspektor erzählen konnte, der wie ein Kreisel ausgesehen und seine Anordnungen nicht geschnarrt, sondern gefurzt habe. Unter seinem Schnauzer, sagte Herr Sudit, habe ein Goldzahn hervorgeblitzt, und der Zahn daneben sei ganz grün und in der Mitte gespalten gewesen.

In diesem Monat Februar wurde bei Tisch viel gelacht und gefuchtelt, und meine Mutter musste darauf achten, dass keine Tassen und Teller der Ausgelassenheit zum Opfer fielen. Onkel Chaim und Herr Sudit gingen sogar die Witwe holen, damit sie ihnen zuhören konnte, und pflanzten sie auf einen Stuhl, hinter ihr immer die Indiofrau, reglos wie ein Totempfahl, aber ihren Augen war anzusehen, dass auch sie lachen musste, dass sie es genoss, zuzuhören und zu sehen, wie Reuvén Toledo und Onkel Chaim miteinander wetteiferten, wenn sie von ihren Abenteuern in fernen Ländern erzählten, im Nebel verloren und glühender Hitze ausgesetzt, von endlosen Nächten voller Lügen und Briefen und ewiger Liebe, die sie schwammigen, am ganzen Körper behaarten Frauen geschworen hatten, die ihnen jedes Wort glaubten. Sie erzählten aber auch von ihren mageren Freundinnen und deren Rippenstößen, bei denen sich die Ellbogen wie Nägel in die Rippen bohrten.

Diese Unterhaltungen dauerten bis Mitternacht, obwohl meine Mutter alle möglichen Tricks anwendete, um sie vorzeitig zu beenden (einmal täuschte sie sogar eine Ohnmacht vor, aber alle merkten es), und zeitigten ein unerwartetes Ergebnis: Eines Abends begann die Witwe zu sprechen. Jeder Laut klang verrostet, jede Silbe ächzte, aber wir verstanden sie aufs Wort.

»Mindele ist von Wesen aus dem Jenseits entführt worden«, sagte sie, und dabei glänzten ihre Augen.

»Oder von Wesen aus dem Diesseits, die was erben wollen«, sagte Reuvén Toledo und bleckte seine langen gelben Zähne. Ein Blick der Witwe genügte, um ihn zum Schweigen zu bringen.

»Sie ist von den Geistern geraubt worden«, sagte die Indiofrau mit klarer Stimme, und Rivka wurde blass; auch aus dem Gesicht meiner Schwester Victoria schwand jede Farbe.

Für den Rest des Abends war uns das Lachen vergangen, obwohl mein Onkel Chaim auf seiner unsichtbaren Geige Czardas-Weisen spielte. Ich erinnere mich, dass Herr Sudit seinen knochigen Zeigefinger hob und etwas sagen wollte, aber er brachte es nicht fertig zu sprechen noch den Finger zu senken. Meine Schwester Marta begann zu weinen, und dann weinten auch die zwei Kleineren, die irgendwie begriffen hatten, dass Mindele etwas Schlimmes zugestoßen war, und sich vorstellten, wie sie sich gegen unsichtbare Wesen wehrte, die sie aus unserer Dimension in die unbekannte Welt jenseits der Spiegel zerrten. Diese Welt hatten wir auf einem Bild in einem Gespensterbuch gesehen.

Am nächsten Tag sollte sich die Behauptung der Witwe bestätigen. Victoria sagte, es sei ein Telegramm aus New York gekommen, in dem die Cousins Rivka in dreißig Wörtern mitteilten, dass Mindele spurlos verschwunden sei. Alle Nachforschungen seien bisher im Sand verlaufen, aber man werde so lange weiter nach ihr suchen, bis der Rabbiner sagte, es sei nicht mehr nötig. Alles liege in G-ttes Hand. Meine Mutter rief Rivka an, um sich zu vergewissern, dass das Telegramm wirklich gekommen war. Dann verständigte sie Doktor Schmulson, er möge sich um die Witwe kümmern, die wieder in ihre Lethargie verfallen sei; sie sei zusammengeschrumpft wie eine Mumie und hätte schon Schimmel in den Mundwinkeln. Das mit dem Schimmel stammte natürlich von Victoria und war mit Vorsicht zu genießen.

Am Abend versammelten wir uns alle im Haus der Witwe. Sie lag im Bett, und zwischen den Kissen und der bis zum Kinn hochgezogenen Decke waren nur ihr verschrumpeltes Gesicht und ihre Finger zu sehen, an denen zahllose Ringe steckten. Hinter ihr die Indiofrau, deren Körper einen unscharfen Schatten an die Wand warf. Neben dem Bett hockte Doktor Schmulson und bemühte sich, eine Diagnose zu stellen, während auch wir unsere Vermutungen anstellten. Lag die Witwe im Sterben? Hatte sie Katalepsie? Kataplexie, Paraplexie? Stand sie mit Mindele in telepathischem Kontakt? Oder stellte sie sich nur krank, um die allgemeine Aufmerksamkeit auf sich zu ziehen, und war Mindeles Abgängigkeit nichts weiter als ein böses Komplott, um die Cousins in New York in den Wahnsinn zu treiben, aus Rache, weil keiner von ihnen sie heiraten wollte? Es war Reuvén Toledo, der diese Hypothese vertrat, und er redete besonders laut, damit ihn die Witwe hören konnte. Wir sahen, wie sie bei seinen Worten zusammenzuckte und Mund und

Nase verzog, als müsse sie niesen. Sie sah aus wie ein von einem Dilettanten einbalsamiertes Kaninchen.

Doktor Schmulson sagte schließlich, dass die Witwe, organisch gesehen, absolut gesund sei und ihn sicher noch überleben werde. Zum ersten Mal sahen wir den Doktor schlecht gelaunt. Er machte ein saures Gesicht, als sei ihm die Galle hochgekommen. Allmählich verlor er die Geduld mit uns und unserer absurden Welt, mit der er nichts zu schaffen haben wollte. Seine Lebensphilosophie bestand aus einem bequemen Lederfauteuil, gut durchlüfteten Räumen, französischen Romanen und den neun Symphonien von Beethoven. Bis zu Chaims Ankunft hatte Doktor Schmulson unsere Erkältungen und Verdauungsstörungen behandelt, aber jetzt musste er mit den Wahnsinnsattacken einer wachsenden delirierenden Sippe fertigwerden. Sein Gemüt verfinsterte sich, und darunter litt in erster Linie seine Frau, deren Körper immer flacher und deren Stimme immer schriller wurden. Sie bekam jedes Mal einen Schrecken, wenn wir nach ihrem Mann schickten, weil der dann fluchend und wie von Teufeln geritten aus dem Haus stürzte. Wir holten ihn zum Hexensabbat, schrie ihm seine Frau hinterher.

Meinem Onkel Chaim kam Reuvén Toledos Theorie, wonach die Witwe Mindeles Verschwinden und ihre eigene Krankheit bloß erfunden hatte, durchaus glaubwürdig vor. Es sei ein eindeutiger Fall von Einsamkeit, Bosheit, Irrsinn, alles nur, um von uns etwas

Zuwendung zu erschwindeln. Meine Mutter nickte zu den Worten ihres Bruders, und Rivka schwieg, ja, sie sah uns nicht einmal an, womit sie wohl zu verstehen gab, dass sie ihrer Mutter durchaus zutraute, uns etwas vorzuspielen. Immerhin hatte die Witwe seit dem Tod ihres Mannes unaufhörlich Katastrophen und Horrorszenarien erfunden, die von der Pleite der Buchhandlung bis zu einem Mordkomplott ihrer Nachbarn reichten.

Im Schlafzimmer der Witwe und im Beisein von Doktor Schmulson, der an seinen Fingernägeln kaute, brach Rivka schließlich ihr Schweigen. Sie sagte, es sei so weit, dass wir alle zusammen nach Jerusalem fahren könnten, um dort das nächste Pessachfest zu feiern, und sie kenne eine Pension, von deren Fenstern aus wir die Klagemauer sehen könnten, während wir uns den Kelch des Propheten Elias reichten und die Mazze und die bitteren Kräuter unter uns aufteilten. Unter unseren erwartungsvollen Blicken (nur Reuvén Toledo schien kein bisschen überrascht) sagte Rivka, es habe sich eine Möglichkeit aufgetan, mit der man schneller zum Ziel komme als mit der Brotfabrikmaschine und sicherer als mit den Hilfsmitteln der Kabbalisten, die es den Menschen erlaubten, wie Vögel zu fliegen. Wir hatten die Theorien und Kommentare im Sefer Jezira und im Buch Bahir studiert, auch die Anmerkungen der Rabbiner von Tudela und Lyon, die dargelegt hatten, was man alles mit Buchstaben und

Tönen bewirken kann, wenn man den Herrn des Universums im Herzen trägt. Wir waren sogar in die Formeln und Symbole der Alchimie eingedrungen, während mein Vater mit seiner mechanischen Missgeburt kämpfte. Aber die Worte der Frau meines Onkels waren stärker als alles, stärker auch als Henry Mores Mens Universalis, wo zwischen Mensch und Natur alles möglich ist, sogar die Reduktion des Körpers auf ein Wort, das der Wind zu jedem Ort auf Erden tragen kann. Rivka sprach, und die Augen meines Vaters begannen gefährlich zu leuchten.

43

In der letzten Februarwoche trafen wir die Vorbereitungen für die Reise in die Heilige Stadt. Zu Hause herrschte fieberhafte Geschäftigkeit, ungeachtet der brütenden Hitze, die vom Hof und durch die Fenster nach uns griff. Die einzige, die nicht vom Reisefieber erfasst wurde, war meine Mutter. Während wir Pläne schmiedeten, fragte sie sich, woher das Geld kommen sollte, denn in unseren Truhen lagen ebenso viele Münzen, wie es in der Sahara belaubte Bäume und blühende Gärten gab.

Unser geistiges Oberhaupt war jetzt Rivka. Sie erteilte uns nicht nur Anweisungen, sondern trug in einem Notizbuch auch jeden Schritt ein, den wir machen mussten. Sie bestimmte die Größe der Koffer und die Anzahl der Kleidungsstücke und Konservendosen, wählte die Reiselektüre aus, dachte daran, Schreibhefte einzupacken, in denen wir unsere Eindrücke festhalten sollten, und schaffte einen Fotoapparat an. Sie dirigierte, und meine Schwester Victoria kontrollierte, ob auch jede Anordnung in die Tat umgesetzt wurde, und wachte darüber, dass kein Koffer, der fertig gepackt war, noch einmal aufgemacht wurde. Inzwischen zeichnete Reuvén Toledo auf dem Esszimmertisch die Karte mit unserer Reiseroute: Die erste Nacht würden wir in einem Hotel am Hafen absteigen, dort am nächsten Tag das Schiff nehmen, über den Atlantik und durch die Meerenge von Gibraltar fahren, in Marseille und Zypern anlegen und im Hafen von Haifa endlich den Fuß auf das Land Israel setzen. Wir würden Fähnchen dabeihaben, um sie zum Gruß zu schwenken, und mehrere Fläschchen, die wir sofort nach der Ankunft mit heiliger Erde füllen würden. Zu guter Letzt würden wir in einen Bus steigen, der uns nach Jerusalem bringen würde. Dort, vor dem Davidsturm, würden wir das große Foto von uns allen machen lassen.

Das Purimfest feierten wir kaum. Meine kleinsten Geschwister verkleideten sich und gingen mit Herrn Sudit zur Synagoge; alle anderen setzten sich nur eine Weile zu Tisch, aßen die Haman-Ohren und verglichen das, was Rivka uns bescherte, mit der Geschichte der Königin Esther und ihrem Onkel Mordechai, denn auch Rivka rettete uns gewissermaßen vor der Verfolgung. Bei diesem Purimessen schenkte Chaim jedem von uns einen Magen David, auf dem der jeweilige Name eingraviert war. Meine Mutter sah ihren Schild lange an, dann küsste sie ihn, schnell und verstohlen. Wir wussten nicht, welche Kräfte sie dazu bewogen hatten, ihre Toten oder ihre Ängste. Jedenfalls waren wir von jetzt an beruhigt, denn die Geste meiner Mutter bedeutete, dass sie uns begleiten und das

Abenteuer wagen würde. An diesem Abend, als Reuvén Toledo sein Weinglas erhob und »L'Chaim!« sagte, sahen wir zum ersten Mal die Schiffspassagen. Es waren längliche weiße Karten mit zwei gekreuzten französischen Nationalflaggen am rechten Rand. Links stand auf jeder eine lange Zahl mit vielen Nullen und Bindestrichen. Wir untersuchten sie ausgiebig und zweifelten an ihrer Echtheit, denn wir hatten uns Schiffspassagen schöner vorgestellt, mit vielen Emblemen und Namen in Goldprägung. Und die hier bestanden nur aus drei Streifen Papier. Aber sie waren schon die richtigen, sie waren echt, und mein Vater weinte, als er seine Karte in Händen hielt. Es war, als habe die Brotfabrikmaschine, die jetzt verstaubt in einer Ecke stand, doch ihren Zweck erfüllt. Meine Mutter hielt die Schürze vors Gesicht, wohl um ihr Weinen zu verdecken, aber wir hörten nichts und sahen auch nicht, dass ihr Kopf sich bewegte.

Woher kamen die Schiffspassagen? Was hatte Rivka angestellt? Oder hatte etwa Reuvén Toledo seine Seele dem Teufel verkauft? In keinem der Pläne, die wir in diesem Jahr gemacht hatten, war vorgesehen gewesen, dass die Frau meines Onkels die Reise leiten und ermöglichen würde. Nicht einmal Victoria, ihre engste Vertraute, die mit Rivka Ängste und Geister und die Vorliebe für orientalische Dekorationen und Romane jeder Art teilte, hatte etwas geahnt. Wurden wir am Ende nur von einem Kobold gefoppt? Oder geht ein Wunsch in Erfüllung, wenn man nur lange genug an ihn glaubt? Erstaunt und immer noch ungläubig griffen wir ein ums andere Mal nach den Karten und hielten sie ganz fest, damit sie ja nicht verschwinden konnten. Aber das Wunder hatte einen Namen: die Witwe mit der Buchhandlung. Sie hatte Rivka das Geld für die Reise nach Jerusalem gegeben. Dafür sollten wir Mindele finden und zu ihr zurückbringen. Für den Gegenwert von dreizehn Schiffspassagen, denn Zoila kam auch mit, sollte Rivkas Schwester aus dem Jenseits wiederkehren. Und Reuvén Toledo heiraten, so sah es das Abkommen vor, dem er zugestimmt hatte. Darüber waren keine weiteren Diskussionen bei Tisch zulässig, auch wenn mein Vater, als er das alles erfuhr, die Fahrkarten zurückgeben wollte, aber Reuvén drohte damit, ihm seine Freundschaft zu entziehen, wenn er auch nur ein Wort sagte. »Ich opfere mich nicht, und ich lasse mich nicht opfern. Das stand in meinem Lebensbuch geschrieben, und was geschrieben steht, muss eingehalten werden.« Wir fanden diese Worte wunderbar, denn wir hatten sie schon in einem Roman gelesen, und jetzt war es, als sei der Held dieses Romans bei Tisch erschienen und verteidige uns mit gezücktem Schwert gegen Barbaren und Wölfe. Wir klatschten und tanzten. Meine Mutter umarmte meinen Vater.

Zwei Tage später brachen wir auf. Jeder mit seinem Koffer, die ganze Gruppe umringt von vielen

Leuten, die dabeisein wollten, als wir uns auf den Weg nach Jerusalem machten. Der Rabbiner sprach seinen Segen über uns, und als wir uns von der Witwe an ihrem Bett verabschiedeten, lächelte sie uns zu. Aber sie sah immer noch wie eine Mumie aus. Dann orientierten wir uns an Reuvén Toledos Landkarte, die uns sicher zum Hafen und zum Hotel führte. Unterwegs redeten wir unaufhörlich über alles, was wir im Lande Israel sehen und fühlen, essen und in unseren Heften notieren würden. Und die Ansichtskarten, die wir Herrn Sudit und Reuvén Toledo (der unser Haus hütete) aus Jerusalem schreiben würden, auch Rivkas Mutter sollte eine bekommen und Doktor Schmulson, der sich mit Tränen in den Augen von uns verabschiedet hatte, nicht ohne uns mit Pillen, Salben und Hustensaft zu versorgen. Wie würde er sein Leben ohne uns Verrückte meistern? »Du wirst alt, gewöhn dich daran«, hatte seine Frau zu ihm gesagt.

Das Hotel, in dem wir abstiegen, war weder so geräumig noch so sauber, wie es der Prospekt verheißen hatte. Aber wir beklagten uns nicht, schließlich war es nur für eine Nacht. In Chaims und Rivkas Zimmer verzehrten wir die mitgebrachten Brote. Victoria erinnerte an Herrn Sudits trauriges Gesicht beim Abschied. Er sei für die Strapazen einer Reise schon zu alt, hatte er in seinem Kauderwelsch gesagt. Marta fragte, wie wir uns gegenüber Barcas und Miguel Saportas verhalten würden, falls wir sie in Israel treffen sollten. Ob wir ihnen verzeihen müssten? Chaims Antwort war eindeutig: »In Israel sind sie nicht, die Hölle ist anderswo!« Um weitere Fragen zu vermeiden, erzählte er die Geschichte von der Erschaffung der Stadt Jerusalem, wie die Steine zum Bau der Mauern und Zinnen mühsam hingerollt und in Stücke gebrochen wurden, auf welche Art die Bärte der Baumeister gestutzt waren, dass die Frauen der Jebusiter und Nabathäer vor Freude zu tanzen anfingen, als sie sahen, dass aus der Wüste eine Stadt wuchs, die schöner war als jeder Baum, den sie je gesehen hatten, ein moderner Baum des Guten und des Bösen. Mein Onkel Chaim hätte noch viel mehr erzählt, aber meine Mutter mahnte: »Wir müssen morgen früh los.« Und wir antworteten: »Layla tov!«

Das Schiff, das auf uns wartete, war unheimlich groß und hatte vom Bug bis zum Heck einen blauen Streifen. Wir bestaunten es eine Weile, auch das Meer dahinter, dann zählte uns mein Vater ab: Meine Mutter, die acht Kinder, Zoila, mein Onkel Chaim, Rivka, er selbst – wir alle standen in Reih und Glied am Kai, jeder schön angezogen, jeder mit einem Koffer in der Hand. Zurück blieben unser Haus, Herr Sudit, die Witwe mit der Buchhandlung, Reuvén Toledo, Doktor Schmulson, Barcas' Geschäftsbriefe und das meckernde Lachen von Miguel Saportas. Es war ein ungutes Gefühl, das alles hinter sich zu lassen. Wir standen immer noch da, schweigend und wie angewurzelt, die Sonne brannte auf uns herab. Das Schiff tutete, und aus dem Schornstein stieg ein Rauchfaden. Wir sahen auch ein paar Möwen, die krächzten. Mein Vater machte den ersten Schritt.

»Gehen wir«, sagte er, »und haltet Pässe und Karten bereit.«

»Im Meer haust Leviathan«, kritzelte Victoria in ihr Reisetagebuch, »wir dürfen ihn nicht reizen.«

»Mama, Joaquín hat mich gestoßen«, brüllte Marta.

»Seid still und geht ordentlich«, sagte meine Mutter. »Zoila, bleib doch nicht dauernd stehen.«

»Wenn wir auf dem Schiff sind, bestellen wir Soda mit Zitrone. Das hilft gegen Seekrankheit«, sagte Rivka und machte ein paar schnelle Schritte, um meinen Vater einzuholen.

»Gin und Tonic. An Bord trinkt man Gin«, sagte mein Onkel Chaim.

Es war zwei Uhr nachmittags, es war brütend heiß, und das Schiff strahlte wie eine zweite Sonne. Deshalb konnten wir die Frau nicht erkennen, die uns von der Kommandobrücke aus Zeichen machte. War das Mindele? Die Braut Sabbats? Im Gänsemarsch gingen wir an Bord, als erster mein Vater, als letzter Chaim, in der Mitte Zoila, in ihren Armen meine Schwester Miriam. Wir hörten, das Wetter auf See sei gut und man rechne mit einer frischen Brise.

EPILOG

Eine Woche vor dem Pessachfest trafen wir in Jerusalem ein. Und nichts war uns fremd, weder die Gebäude noch die Straßen, auch nicht, dass Mindele um uns war. Wir kannten schon alles, wir wussten alles. Das ist auch auf diesem Foto zu erkennen, auf dem wir lachend und braun gebrannt dastehen, die Männer mit blauen Kippas auf den Köpfen, die Frauen in weißen Kleidern. Meine Mutter trägt den Hut, den ihr meine Tante Lia geschenkt hat. Der Wind weht uns ins Gesicht, und man sieht, dass wir glücklich sind. Man sieht auf dem Foto auch die langen Briefe, die meine Mutter meiner Großmutter schreiben wird.

Worterklärungen und Anmerkungen

Armaggedon: Biblische Bezeichnung der endgültigen Schlacht zwischen Gut und Böse, die am Fuße des Bergs Meggido, im Joschafat-Tal, stattfindet (Apokalypse 16, 16) und auf die das Jüngste Gericht folgt.

Aschkenas: Das hebräische Wort für Deutschland bzw. den deutschsprachigen Raum. Daher *Aschkenasim* (Aschkenasen): die im frühen Mittelalter in Mitteleuropa lebenden Juden, die später nach Osteuropa auswanderten bzw. vor Verfolgung dorthin flohen und ihre Sprache, Jiddisch oder Judeo-Deutsch, mitnahmen und weiterentwickelten.

Bereschit: Hebräische Bezeichnung des im Christentum »1. Buch Mose« oder »Genesis« (Entstehung) genannten Buchs der Bibel. »Bereschit« ist sein erstes Wort und bedeutet »Im Anfang«.

Chacham: »Der Weise« (Plural: *Chachamim*).

Chanukka (»Einweihung«): Das achttägige Lichterfest, das am 24. Kislew abends (im November bzw. Dezember) beginnt. Es erinnert an die Wiedereinweihung des Salomonischen Tempels nach dem Sieg der Makkabäer über die syrisch-griechischen Besatzer (165 v.u.Z.). Der Legende zufolge wurde nach der Einnahme des verwüsteten Tempels nur noch ein Kännchen koscheres Öl gefunden, das für einen Tag gereicht hätte, mit dem die Tempel*menora* durch ein Wunder jedoch volle acht Tage am Brennen gehalten wurde. Aus diesem Grund werden die Kerzen des (achtarmigen) *Chanukka*-Leuchters nacheinander angezündet, jeden Tag eine neue, bis am letzten Tag alle acht Lichter brennen.

Chassid: Anhänger des *Chassidismus,* einer religiös-mystischen Bewegung im Judentum (genau genommen gab es zwei Bewegungen: den deutschen Chassidismus des Mittelalters und den – wichtigeren – osteuropäischen Chassidismus des 18. und 19. Jahrhunderts).

Chatima tova! (»Gute Abzeichnung!«): Grußformel zwischen *Rosch ha Schana* und *Jom Kippur*, mit der man einander wünscht, dass man nach der Zeit der inneren Einkehr und Buße von Gott zu einem guten neuen Jahr eingeschrieben werde (siehe auch unter *Rosch ha Schana*).

Cherem: »Bann«, die Strafe des Ausschlusses einer Person von der Gesellschaft oder von bestimmten gesellschaftlich-religiösen Kulten oder Funktionen (der sephardische Philosoph Baruch Spinoza, 1632–1677, wurde zum Beispiel wegen Ketzerei aus der Synagoge von Amsterdam ausgeschlossen). Der Begriff *Cherem* wird auch auf die Vertreibung der Sepharden aus Spanien und Portugal angewendet.

Chuppa: Traubaldachin, Hochzeitshimmel, unter dem das Brautpaar vermählt wird.

Dreidel (ein jiddisches Wort, das vom deutschen »drehen« kommt): ein Kreisel mit vier Seiten, auf denen jeweils ein hebräischer Buchstabe eingraviert ist: **N**un, **G**imel, **H**ej und **Sch**in – sie stehen für den Satz »**N**es **g**adol **h**aja **sch**am« (ein großes Wunder ist dort geschehen). Das *Dreidel*spiel wird zu *Chanukka* von Kindern gespielt. Jeder Spieler setzt einige Rosinen, Süßigkeiten oder Nüsse in die Kasse ein, und die Spieler drehen abwechselnd den Kreisel. Die Seite, die nach oben zu liegen kommt, gibt den Gewinn an. Nun: man gewinnt nichts und verliert nichts; Gimel: man gewinnt alles; Hej: man gewinnt die Hälfte; Schin: man muss etwas in die Kasse legen.

Gedalja: Das *Gedalja*-Fasten (am 3. Tischri, dem Tag nach Neujahr) erinnert an die Ermordung (durch einen jüdischen Verräter) von Gedalja ben Achikam, den der babylonische König Nebukadnezar nach der ersten Tempelzerstörung zum Oberhaupt der in *Eretz* (dem Land) *Israel* verbliebenen Juden ernannt hatte. Mit seinem Tod endete die letzte Spur jüdischer Autonomie in Judäa, und viele Juden flohen nach Ägypten.

Genisa (»Aufbewahrung«, Plural: *Genisot*): Der Ort der Aufbewahrung für nicht mehr gebrauchte heilige Schriften und Kultgegenstände in einer Synagoge, oft die Dachkammer. Im sephardischen Kulturraum war die Genisa meist der Keller einer Synagoge; dort landeten auch die nicht mehr benötigten wertvollen Bücher aus der ganzen Gemeinde. Dem Verbot, solche Bücher wegzuwerfen, ist es zu verdanken, dass das Werk des größten sephardischen Philosophen, Maimonides (1135–1204), vollständig erhalten ist.

Jom Kippur: Der Versöhnungstag (am 10. Tischri, also im September bzw. Oktober), ist der höchste jüdische Feiertag, den man mit Fasten verbringt, an dem man seine Mitmenschen um Verzeihung bitten kann und mit sich selbst ins Reine kommt.

Kabbala (»Überlieferung«): Im weiteren Sinne die Bezeichnung für die spekulative jüdische Geheimlehre und Mystik; im engeren Sinne die esoterische, theosophisch motivierte Bewegung, die im 13. Jahrhundert in Nordspanien und in der Provence um den Rabbiner Moshé de León und das *Buch Sohar* ihren Anfang nahm.

Kippa: Scheitelkäppchen; Kopfbedeckung der frommen männlichen Juden.

Kol Nidre (»Alle Gelübde«): Anfangsworte des gleichnamigen auf Aramäisch abgefassten Gebets, das vor Beginn des Versöhnungstags gebetet wird. Für die Sepharden ist das *Kol Nidre* das wichtigste Gebet, weil es sie in die Zeit der Verfolgung und Unterdrückung (durch Inquisition, Zwangstaufen und islamische Intoleranz zur Zeit der Almohawiden) zurückversetzt. Der Betende bereut alle Gelübde, Entsagungen und Schwüre, mit denen er unfreiwillig seinem Glauben abgeschworen hat, und erklärt sie für null und nichtig. Es ist ein Gebet der Befreiung und Rückgewinnung der jüdischen Identität.

L'Chaim!: Auf das Leben! (Trinkspruch).

Ladino: Die Sprache der Sepharden, auch Judeo-Español oder Spaniolisch genannt; ein altertümliches Kastilisch, das schon zu Zeiten der Vertreibung, 1492, nicht der damals in Spanien üblichen Hochsprache entsprach. (Ein Beispiel: *Kaleja,* span. *Calle,* heißt Straße.)

Layla tov!: Gute Nacht!

Magen David (»Schild Davids«): Der von zwei ineinander greifenden Dreiecken gebildete sechszackige Stern wurde ab dem Mittelalter zum Symbol jüdischer Identität. Seit 1949 zentrales Motiv der israelischen Nationalflag ge.

Masal tov!: Gut Glück! (wörtl. »guter Stern«).

Menora: Der zum Tempelkultus gehörige siebenarmige Leuchter; Symbol jüdischer Frömmigkeit.

Mesusa (»Türpfosten«): Bezeichnung für die Kapsel, die am rechten äußeren Pfosten der Eingangstür angebracht ist und die eine Pergamentrolle mit Worten aus der Tora enthält, mit denen der Besucher aufgefordert wird, das Haus im Geist der Liebe zu betreten und diese Liebe beim Weggehen auf seinem Weg mitzunehmen.

Midrasch (von *darasch,* »suchen«, »fragen«): Die Tätigkeit des Bibelforschens und das Ergebnis dieses Forschens, also die (rabbinische) Literatur, die die Bibel kommentiert bzw. auslegt.

Minjan (»Zahl«): Die zur ordnungsgemäßen Abhaltung eines Gottesdienstes erforderliche Anzahl von qualifizierten Personen (es müssen mindestens zehn über dreizehn Jahre alte Männer sein).

Mischna (»Wiederholung«): Die Niederlegung der mündlichen Tora. Die mündliche Tora, die die schriftliche erläutert, wurde von Generation zu Generation weitergegeben, bis ihr Inhalt im 3. Jahrhundert schriftlich niedergelegt wurde.

Pessach: Siebentägiges Fest zur Erinnerung an den Auszug der Kinder Israels aus Ägypten, beginnend am 14. Nissan abends (im März bzw. April). *Pessach* bedeutet »Verschonung« oder »Vorüberschreiten«; das Fest wird so genannt, weil bei der Tötung der ägyptischen Erstgeborenen der Engel an den Häusern der Israeliten vorüberging.

Purim (Plural von *Pur,* »das Los«): Freudenfest am 14. Adar (im Februar bzw. März), zur Erinnerung an die Rettung der Juden im persischen Exil durch Königin Esther, die (jüdische) Frau des Perserkönigs Achaschwerosch (Xerxes I). Sie und ihr Onkel Mordechai vereitelten den Plan des Ministers Haman (»ein früher Hitler«, sagt Assaf Laster), die Juden zu vernichten; der Tag des Losschlagens sollte durch das Ziehen von Losen ermittelt werden. Der *Talmud* lehrt, wie das Fest zu feiern ist: »Ein Mensch ist verpflichtet, sich am Purimfest anzuheitern, bis er nicht mehr zu unterscheiden weiß zwischen ›Verflucht sei Haman‹ und ›Gelobt sei Mordechai‹.«

Raschi: Abgekürzte Bezeichnung des Rabbiners Schlomo ben Jitzchak aus Troyes (1040–1107), der umfangreiche Kommentare zum *Tenach* und zum Babylonischen *Tal-*

mud schrieb. Seine und seiner Schüler Kommentare umrahmen den *Mischna-* und *Gemara*-Teil auf einem *Talmud*-Blatt. Raschi entwickelte eine besondere Schrift.

Rosch ha Schana (wörtl. »Haupt des Jahres«): Zweitägiges jüdisches Neujahrsfest (am 1./2. Tischri, also im September bzw. Oktober). Davon abgeleitet übrigens der deutsche Neujahrswunsch »Einen guten *Rutsch*!«. Das jüdische Neujahrsfest ist aber kein Anlass, um ausgelassen zu feiern, sondern um in sich zu gehen, sein Gewissen zu prüfen und Buße zu tun. In den zehn Tagen zwischen *Rosch ha Schana* und *Jom Kippur* wird das Schicksal des kommenden Jahres besiegelt (siehe auch unter *Chatima tova!*).

Schema Jisrael: Das Glaubensbekenntnis der Juden, wichtigstes Gebet der jüdischen Liturgie, das im 5. Buch der Tora (Kap. 6, 4) steht (»Höre, Israel, der Herr, unser Gott, ist ein einziger Gott«); auch Gebetsruf in der Not und Sterbegebet.

Schulchan Aruch (»Der gedeckte Tisch«): Ein von dem Sepharden Josef Karo (1488–1575) verfasstes Handbuch über die Gebote und Verbote der mündlichen und schriftlichen jüdischen Überlieferung.

Sefarad: Das hebräische Wort für Spanien; daher *Sefardim* (Sepharden): die Juden spanischer oder portugiesischer Abstammung, die sich nach ihrer Vertreibung aus Spanien 1492 (aus Portugal etwas später) im ganzen Mittelmeerraum (insbesondere Nordafrika, Rhodos, Saloniki, Türkei), an der Schwarzmeerküste und auf dem Balkan niedergelassen haben und auch nach Frankreich, Holland, England gelangt sind. Gemäß dem spanischen Historiker Américo Castro machte die jüdische Gemeinde in Spanien im Jahr 1492 ungefähr ein Zehntel der Gesamtbevölkerung aus, mehr als 100 000 Menschen. Dem deutschen nationalsozialistischen Regime sind 170 000 Sepharden zum Opfer gefallen. Die kulturgeschichtliche Bedeutung der Sepharden wird oft unterschätzt. Dass Elias Canetti und Jacques Derrida Sepharden waren, ist weitgehend bekannt, aber wer weiß es von den Malern Pissarro und Modigliani, den Schriftstellern Robert Louis Stevenson, Primo Levi und Albert Memmi, dem Verleger Leopold Ullstein, den Politikern Pierre Mendès-France und Rosa Luxemburg? In seinem Buch *Die sterbenden Europäer* berichtet Karl-Markus Gauß von der Begegnung der in Sarajevo ansäßigen Sepharden mit den Aschkenasen, die 1878 im Tross der österreichisch-ungarischen Militärmacht in die bis dahin türkische Provinz Bosnien kamen. Die Sepharden fragten sich, ob man überhaupt ein Jude sein konnte, wenn man kein Spanisch sprach und die einfachsten Regeln des Gottesdienstes nicht beherrschte. »Das waren doch ganz andere Menschen, die jetzt auf den Plätzen und Ämtern zu sehen waren und die sich als Juden bezeichneten, obwohl Sprache, Kleidung und öffentliches Auftreten zu heftigen Zweifeln berechtigten, ob sie es mit Sitte und Anstand so ernst nahmen, wie sich das für Juden gehörte.«

Shiva: Siebentägige Trauerzeit nach einem Todesfall in der Familie.

Sohar: Sefer ha Sohar (»Buch des Glanzes«), neben *Sefer ha Jezira* (»Buch der Schöpfung«) und dem *Sefer ha Bahir* (»Buch der Klarheit«) eines der Schlüsselwerke der *Kabbala.*

Tallit: mit Schaufäden *(Zizit)* versehener Gebetsmantel oder Gebetsschal.

Talmud (»das Lernen«): Das Buch, in dem die mündlich überlieferte Lehre (nämlich die *Mischna* und deren Ergänzung, die *Gemara*) zusammengefasst ist. Es gibt zwei Versionen: der Jerusalemer und der Babylonische Talmud (3.–5. Jahrhundert).

Tenach (auch *Tanach* oder *Tanakh*): Neben dem *Talmud* das wichtigste Schriftwerk des Judentums. TeNaCH ist ein aus den Anfangsbuchstaben der drei Bücher, die er enthält, zusammengesetztes Wort: *Tora, Nebiim* (Propheten) und *Chatubim* (Schriften). Es handelt sich um den Kanon der hebräischen Bibel, im Christentum »Altes Testament« genannt.

Tora (»Lehre«, »Weisung«): Die durch Moses vermittelte Offenbarung am Berg Sinai, die im *Pentateuch*, in den fünf Büchern Mose, enthalten ist.

Zaddik (»der Gerechte«, Plural: *Zaddikim*): So wird in der Bibel jemand genannt, der rechtschaffen lebt und gerecht handelt.

Im *jüdischen Kalender* werden die Monate nach den Mondphasen berechnet. Der Tag beginnt am vorangehenden Abend mit dem Hereinbrechen der Nacht. Da der heute allgemein gültige Gregorianische Kalender ein Sonnenkalender ist, fallen auf ihm die Daten des jüdischen Kalenders jedes Jahr etwas anders aus. So fiel zum Beispiel im Jahr 2004 das jüdische Neujahrsfest auf den 16./17. September, im Jahr 2005 wird es auf den 4./5. Oktober fallen.

Im Buch sind einige Hinweise auf nach jüdischer Lehre *verbotene Speisen bzw. Reinheitsgebote*: So gelten nicht nur Fleischwaren vom Schwein als unrein, sondern auch Welse, weil dieser Fisch keine Schuppen hat. Milchprodukte und Fleisch, selbst Rindfleisch, dürfen nicht zusammen gegessen werden. Während der sieben Pessach-Tage darf nur ungesäuertes Brot, die so genannte Mazze, gegessen werden; vor dem Pessachfest muss das Haus von allem Mehl, das Hefe enthält, gereinigt werden.

Zusammengestellt von Peter Schultze-Kraft

Die zwei Standardwerke der kolumbianischen Erzählkunst

Peter Schultze-Kraft (Hrsg.)

Und träumten vom Leben

Erzählungen aus Kolumbien. Deutsch von Erich Hackl, Gert Loschütz, Peter Stamm u.a., 416 Seiten, gebunden, Fr. 41.–, € 22.80, ISBN 3-85990-004-8

Peter Schultze-Kraft (Hrsg.)

Hören wie die Hennen krähen

Von García Márquez selbst und 34 weiteren Erzählern aus Kolumbien. Deutsch von Erich Hackl, Gert Loschütz, Peter Stamm u.a., 288 Seiten, gebunden, Fr. 36.–, € 21.90, ISBN 3-85990-005-6

»Der fulminante Sammelband handelt von beiden: vom barbarischen Zustand einer Gesellschaft, in der Normen, Konventionen, Gesetze, die das Zusammenleben möglich machen, nicht mehr gelten – und vom schriftstellerischen Glanz derer, die diese Gesellschaft beschreiben.«

Der Spiegel

»Ein breites Spektrum ganz unterschiedlicher, hervorragend übersetzter Geschichten, die die Lektüre des liebevoll ausgestatteten Bandes zum Vergnügen machen... Wahre Perlen sind darunter, die selbst in Kolumbien kaum jemand kennt.« *die tageszeitung*

»›Und träumten vom Leben‹ ist eine erstaunliche Anthologie kolumbianischer Erzählungen jenseits des magischen Realismus.«

Süddeutsche Zeitung

»Kolumbien bedeutet heute Gewalt und Bürgerkrieg. Dass dieses Land aber auch über eine der reichhaltigsten Literaturen Lateinamerikas verfügt, kann jetzt nachgeprüft werden.«

Tages-Anzeiger

»Eine hervorragend edierte Anthologie (...) Ein kenntnisreicherer, kompetenterer Herausgeber als Peter Schultze-Kraft lässt sich kaum vorstellen.« *Der Bund*

edition 8, Postfach 3522, 8021 Zürich, info@edition8.ch www.edition8.ch

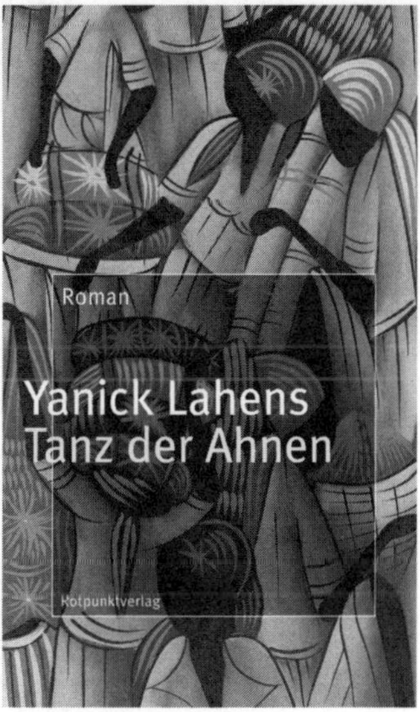

Yanick Lahens

Tanz der Ahnen

Roman
Aus dem Französischen
von Jutta Himmelreich

160 Seiten, gebunden, 2004
Fr. 29.–/Euro 17,–
ISBN 3-85869-271-9

Der Kampf einer jungen Haitianerin um ihren eigenen Weg ist zugleich eine Metapher für die Suche der karibischen Bevölkerung nach einer eigenständigen kulturellen Identität.

»So wie das Tanzen Alice ermöglicht, eigenwillig zu werden, so ist es für den Roman die Sprache, die ihren eigenwilligen Tanz aufführt: sich jeder epischen Breite ebenso entziehend wie dem Gestus des Erklärens. Lahens' Sprache will nicht nur überdacht, sie will auch genossen werden.« Neue Zürcher Zeitung

Rotpunktverlag.